PROCÈS

DE

L'ALMANACH RASPAIL

— 1874 —

COMPTE-RENDU IN-EXTENSO

AVEC

AVANT-PROPOS ET ANNOTATIONS

PAR

XAVIER RASPAIL

Raspail ne voit dans tous les faits un peu importants de notre histoire que les jésuites...
(*Réq. de M. l'av.-gén.* HÉMAR.)

En France, la présence de ce fatal génie (le jésuitisme) et de ses missionnaires naturels, a toujours accompagné toutes les calamités publiques. (Comte A. DE SAINT-PRIEST, pair de France.)

DEUXIÈME ÉDITION

PARIS
CHEZ L'ÉDITEUR
DES OUVRAGES DE M. RASPAIL
14, RUE DU TEMPLE, 14

1875

PROCÈS

DE

L'ALMANACH RASPAIL

PARIS. — TYPOGRAPHIE DE ROUGE, DUNON ET FRESNÉ,
rue du Four-Saint-Germain, 43.

PROCÈS

DE

L'ALMANACH RASPAIL

— 1874 —

COMPTE-RENDU IN-EXTENSO

AVEC

AVANT-PROPOS ET ANNOTATIONS

PAR

XAVIER RASPAIL

> Raspail ne voit dans tous les faits un peu importants de notre histoire que les jésuites...
> (*Réq. de M. l'av.-gén.* HÉMAR.)
>
> En France, la présence de ce fatal génie (le jésuitisme) et de ses missionnaires naturels, a toujours accompagné toutes les calamités publiques. (Comte A. DE SAINT-PRIEST, pair de France.)

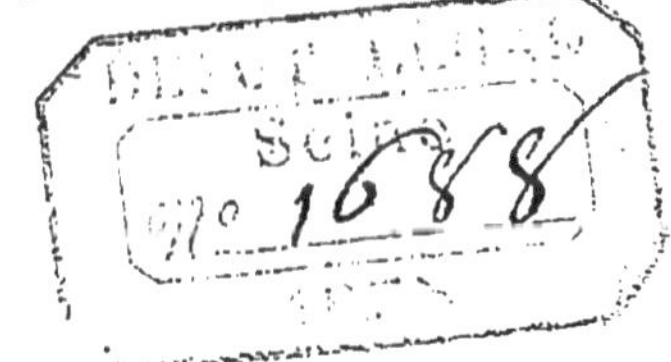

DEUXIÈME ÉDITION

PARIS
CHEZ L'ÉDITEUR
DES OUVRAGES DE M. RASPAIL
14, RUE DU TEMPLE, 14

1875

NOTE DE L'ÉDITEUR

La première édition de ce livre a été saisie, dès son apparition, à Paris et dans les principales villes de la province ; une telle rigueur était motivée tout simplement parce qu'il contenait les noms des jurés qui avaient siégé dans l'audience du 12 février 1874 de la cour d'assises de la Seine.

Sur ce point l'auteur se croyait parfaitement couvert par la loi spécifiant, en effet, « qu'il est interdit de publier les noms des jurés, *excepté*, cependant, *dans le compte rendu de l'audience où le jury aura été constitué.* » (Art. 11 de la loi du 27 juillet 1849.)

Tel était du reste l'avis de jurisconsultes éminents qui avaient examiné l'ensemble de l'ouvrage avant sa publication. M. le juge d'instruction Merlin retint, au contraire, la contravention en s'appuyant sur cet article même de la loi, et renvoya en police correctionnelle M. Xavier Raspail, déjà détenu à Sainte-Pélagie où il subissait sa peine de six mois de prison.

La 8e chambre, présidée par M. Millet, examina cette affaire dans son audience du 30 juin. Malgré la plaidoirie irréfutable et d'une logique aussi serrée que savante de Me Forest, le tribunal adopta la théorie de M. le substitut Campenon et condamna M. Xavier Raspail à 500 fr. et M. Rouge, imprimeur, à 200 fr. d'amende.

Appel fut naturellement interjeté de cette décision, et la Cour, sur les conclusions de M. l'avocat général Manuel, rendit un arrêt, dans son audience du 12 août présidée par M. de Lafaulotte, qui infirmait le jugement des premiers juges et déchargeait M. Xavier Raspail de la condamnation prononcée contre lui.

Le *Procès de l'Almanach Raspail* fut ainsi rendu à la circulation après trois mois et demi d'interdiction, et nous arrivons à mettre aujourd'hui en vente cette seconde édition.

AVANT-PROPOS

Chaque année, depuis 1865, M. F.-V. Raspail publie un almanach portant le titre de : *Prévision du temps*, *almanach et calendrier météorologique à l'usage de l'homme des mers et de l'homme des champs*. En outre du triple calendrier grégorien, républicain et météorologique, des principes sur lesquels repose le nouveau système de météorologie, des tableaux comparatifs d'observations journalières et des prévisions du temps, etc., ce petit livre contient une série d'articles traitant de matières soit scientifiques, soit historiques, philologiques ou morales.

L'auteur augmenta l'*Almanach* pour 1870, — paru à la fin de 1869, — d'un nouveau chapitre intitulé : *Calendrier ou éphémérides des hommes et événements célèbres*. Ces éphémérides furent reproduites dans les années 1873 et 1874, et augmentées de tous les événements que fournit la terrible et désastreuse période de 1870-1871. Ce sont ces énoncés de faits, très-laconiques du reste, qui ont servi de point de départ aux poursuites dirigées contre M. F.-V. Raspail, et qui ont amené sa condamnation à deux ans de prison, et celle de son fils à six mois de la même peine comme éditeur des deux éditions de 1873 et de 1874.

La justice ne se discute plus dès qu'elle a prononcé; aussi ne la discuterons-nous pas ici. Nous ne voulons pas non plus rechercher, quant à présent, par quelle influence un ouvrage jugé inoffensif pendant plus d'une année qu'il s'est vendu librement et au grand jour, a pu prendre tout à coup un caractère de criminalité tel qu'une peine aussi sévère ait pu venir frapper un octogénaire. Mais nous avons le droit d'établir quelle était la situation des *Almanachs* incriminés lors des poursuites, et c'est ce que nous allons faire en peu de mots.

Les éphémérides contenues dans l'almanach pour 1874 ne sont qu'une réimpression de celles précédemment publiées dans celui pour 1873. Or, ce dernier almanach, mis en vente au mois de novembre 1872, — après le dépôt régulièrement fait au ministère de l'intérieur, — s'écoula comme d'habitude et s'épuisa dans le cours de l'année. Arriva alors la mise en vente de l'almanach pour 1874 (1), qui eut lieu le

(1) Cet almanach contenait, à la suite des éphémérides, les chapitres suivants :

20 octobre 1873, après dépôt fait au ministère de l'intérieur; et ce n'est que deux mois après, le 29 décembre, que la saisie en fut opérée par les soins de M. le commissaire de police du quartier Saint-Merri, comme étant un ouvrage capable de « troubler la paix publique en excitant à la haine et au mépris des citoyens les uns contre les autres. » M. le juge d'instruction Lacaille maintint cette accusation. Mais, ainsi qu'on le verra dans les débats, MM. Ras-

---

Les taches que l'on remaıque sur le soleil, d'où viennent-elles ?

Galilée et nos dévots modernes.

Les étoiles filantes et les bolides

Physionomie des fleuves et rivières qui ont tracé leur cours à travers les sols granitiques.

Pretentions et résultats du spectroscope.

Épisode odieux des jésuitfs au paraguay de 1641 a 1649.

Moyens de rectifier les erreurs de la boussole sur les navires en fer.

Nos nuages de glace à l'Académie des sciences,

Mes souhaits de bonne année,

pail ne furent définitivement déférés à la Cour d'assises que pour répondre à l'inculpation « d'apologie de faits qualifiés crimes. »

Parmi les six chefs d'accusation sur lesquels MM. les jurés ont eu à se prononcer, figure l'éphéméride suivante :

« 23 *juin.*—Jours néfastes de la deuxième République française ; nouvelle Saint-Barthélemy, nombre d'or des férocités jésuitiques, 1848 ¡¡¡ »

Nous ouvrons l'almanach pour 1870, et nous lisons à la même date :

« 23 *juin.*—Jours néfastes de la deuxième République française ; nouvelle Saint-Barthélemy, 1848 ¡¡¡ »

Ce n'est certainement pas l'addition : « nombre d'or des férocités jésuitiques, » qui a pu donner un caractère délictueux à cette éphéméride.

Eh bien ! cet almanach pour 1870, nous l'avons là sous la main, il porte l'estampille du colportage ! Il est inutile de rappeler ici avec quels soins un ouvrage était examiné alors avant que d'obtenir ce passeport gouvernemental. Mais il en ressort suffisamment que l'empire n'en était pas encore arrivé à contester à l'écrivain son droit d'apprécier un fait désormais du domaine de l'histoire.

Mais du reste, qui songerait à déférer à la justice ces écrivains d'un parti qui en est toujours aux regrets du régime du droit divin, et dont la plume s'acharne avec passion et souvent mauvaise foi contre les grands principes de la Révolution française sur lesquels repose l'établissement de notre société moderne ?

Parmi les griefs relevés contre M. Raspail, nous trouvons : « les dernières journées de 1870 et le commencement de l'année 1871 ont fourni à l'écrivain l'occasion et le prétexte de formuler A CHAQUE DATE une attaque contre l'armée ou ses chefs et une apologie passionnée de l'insurrection du 18 mars. »

Nous ne dirons rien pour cette accusation « d'apologie passionnée de l'insurrection du 18 mars, » les pièces du procès sont là dans tous leurs détails; l'opinion publique pourra se prononcer et décider en dernier ressort si dans les citations incriminées, l'auteur s'est fait l'apologiste des principes, des théories, de tout ce chaos, qui sortirent de l'insurrection du 18 mars sous la dénomination de Commune.

L'auteur *a pris prétexte des dernières journées de* 1870 *et du commencement de* 1871 *pour formuler* A CHAQUE DATE *une attaque contre l'armée.*

M. F.-V. Raspail formulant à chaque date une attaque contre l'armée! Cette armée que nous retrouvons toujours la même à travers les siècles, c'est-à-dire toujours prête pour la victoire et suppléant souvent à l'incapacité de certains de ses chefs, par son élan et son inébranlable courage! Cette armée française dont l'auteur a inscrit les triomphes dans ces éphémérides presque A CHAQUE DATE, car sur 365 jours nous venons de pointer 103 victoires!

Est-ce donc un livre totalement mauvais et pernicieux que celui qui ravive ainsi les souvenirs de nos gloires nationales?

Mais que pouvons-nous faire mieux que de citer quelques éphémérides qui ont trait à la fin de 1870 et au commencement de 1871?

« 6 *août*. — Batailles de Spickeren (près Forbach) et de Reischoffen, perdues, en dépit de la bravoure de nos soldats, par l'impéritie du prétendu neveu de Napoléon le Grand et de ses généraux d'antichambre.

« 14 *août*. — Magnifique succès de Borny, sur la droite de Metz.

« 18 *août*. — Grande victoire à Rézonville

ou Gravelotte, de nos soldats sur les troupes prussiennes, commandées par le prince Charles; fuite honteuse de toute l'armée prussienne qui ne se serait jamais relevée de ce coup sans la trahison de Bazaine (1).

« 24 *août*. — Héroïque résistance de Verdun contre le prince Georges de Saxe. La garnison, renforcée des citoyens, force les Prussiens de se retirer en désordre en laissant devant la place 900 morts environ.

« 7 *novembre*. — Très-beau début de l'armée de la Loire entre Marchenoir et Orléans.

« 10 *novembre*. — Magnifique bataille de l'armée de la Loire contre le prince Charles et le duc de Mecklembourg, à Coulmiers; l'ennemi abandonne Orléans dans le plus complet désordre.

« 7 *décembre*. — Victoire à Cravant

(1) Voir à ce sujet *Metz, campagne et négociations*, par le colonel d'Andlau.

(près d'Orléans) par l'armée de la Loire composée surtout de mobiles, contre le prince Charles.

« 8 *décembre*. — Victoire à Villarceau (près Beaugency) de notre jeune armée sur les Prussiens et Bavarois.

« 15 *décembre*. — Grande bataille livrée à Vendôme par Chanzy contre les troupes réunies du duc de Mecklembourg et du prince Charles.

« 21 *décembre*. — Belle retraite de Chanzy au Mans, après avoir épuisé les forces du duc de Mecklembourg et du prince Charles, forcés de leur côté de s'éloigner, le premier à Chartres, et le second à Orléans, pour aller se réorganiser.

« 3 *janvier*. — Victoire du général Faidherbe sur les Prussiens à Bapaume, près d'Arras, 1871.

« 19 *janvier*. — Beau combat du général Faidherbe contre les Prussiens à Saint-Quentin, 1871. »

Et tant d'autres que nous ne relevons pas.

Mais ces quelques éphémérides suffisent à prouver que, pour l'auteur, nos braves soldats sont toujours les mêmes, qu'ils combattent sous l'Empire ou qu'ils combattent sous le gouvernement de la Défense Nationale. Nous portons le défi de relever dans cet almanach un seul mot anti-patriotique, ou un passage ayant le caractère odieux de celui que nous trouvons dans un livre où les Républicains sont systématiquement attaqués et calomniés presque à chaque page.

L'auteur est M. Francis Wey, officier de la Légion d'honneur, inspecteur des archives départementales, ancien rédacteur du *Figaro* et d'autres feuilles *ejusdem farinæ*.

Voici ce dont il s'est fait l'éditeur responsable à la page 40 de son ouvrage intitulé : *Chronique du Siége de Paris*, 1871.

« L'armée régulière, dit-il, bien des « gens le savaient, n'était pas moins gan- « grenée. J'étais revenu du Maine à côté « d'un chef d'escadron échappé de Sedan « avec trois blessures; il m'avait raconté, « tout crispé de honte, que, dans la Cham- « pagne, il avait vu nos troupiers VERSER « DANS UNE MARE LES CARTOUCHES DES FOUR- « GONS POUR Y SUBSTITUER DU BUTIN VOLÉ, et « que sur la route de Sedan, il avait che- « vauché, *avant le désastre*, PLUS DE CINQ « KILOMÈTRES, SUR DES CHASSEPOTS ABANDONNÉS, « EN MARCHE SUR L'ENNEMI, PAR NOS SOL- « DATS. »

Notre pauvre armée marchant sur Sedan où l'attendait un désastre aussi grand qu'immérité, accusée de tels crimes!

Nous disons que c'est faux, nous qui avons vu les rues de Sedan, *après le désastre*, jonchées de chassepots à la crosse cassée, au canon aplati, que dans leur rage impuissante nos soldats brisèrent, ne pouvant se résoudre à les déposer aux pieds de l'ennemi.

Nous disons que c'est faux, nous qui avons vu l'énergie encore peinte sur les figures hâves et défaites par le besoin, de ces milliers de prisonniers qui défilaient pieds nus et en haillons devant nous, pour aller traîner la misère dans cette Allemagne qu'on leur avait montrée comme leur future conquête. Malheureux boucs-émissaires des fautes et des incapacités monstrueuses qui s'épanouirent dès le début de l'entrée en campagne !

M. F.-V. Raspail *a formulé à chaque date de cette période de* 1870 *à* 1871 *une attaque contre les chefs de l'armée.*

Contre tous? non. Contre quelques-uns? oui. Le réquisitoire si admirable d'impartiale vérité de M. le général Pourcet, et qui est présent à la mémoire de tous, démontre que ce n'est pas sans raison. Et du reste, les désastres subis par notre pays sont encore si cruels pour nos sentiments patriotiques, que l'on comprend que celui qui les a ressentis douloureusement n'ait pu arrêter un cri d'indignation en inscrivant des noms comme celui de cet homme, qui avait tout sous la main pour marcher à la victoire, et qui n'a voulu conduire ses héroïques soldats qu'à une catastrophe inouïe, inconnue jusqu'à lui, et devant laquelle la pensée ne peut s'arrêter encore avec tout le calme nécessaire.

Le procès que nous publions aujourd'hui a été recueilli au grand complet par un habile sténographe; on y trouvera donc dans toute leur intégrité la physionomie complète et l'esprit général des débats.

Il est à remarquer que la grande majorité des éphémérides relevées dans l'almanach par le ministère public, — en plus des six déférées à l'appréciation du jury, — sont celles où M. Raspail signale l'influence du jésüitisme dans les événements qu'elles relatent. Anciennement il y avait là matière à toutes sortes de plaisanteries : Il voit des jésuites partout, s'écriait-on! et de rire en haussant les épaules; mais peut-être bien aussi, que les rieurs les plus bruyants n'étaient pas les moins intéressés à détourner l'attention de ce sujet. Aujourd'hui la note paraît changer de ton; on ne rit plus trop quand on parle des jésuites; la Prusse, qui s'est instruite à nos dépens, vient de les rejeter hors de son sein comme funestes à sa prospérité et dangereux pour sa sécurité.

Cet exemple a remis en mémoire que dans le cours des siècles derniers, les machinations et les crimes de cette société envahissante avaient amené les différentes puissances de l'Europe à prendre les mêmes mesures de précaution.

En 1594, après la tentative d'assassinat

de Jean Châtel sur Henri IV, les jésuites sont chassés de France.

En 1598, ils sont chassés de la Hollande après avoir essayé de faire assassiner Maurice de Nassau.

En 1618, ils sont chassés de la Bohême « comme perturbateurs du repos public et corrupteurs de la morale. »

En 1619, de la Moravie pour les mêmes causes.

En 1643, ils sont chassés de Malte.

En 1723, ils sont expulsés de Russie par Pierre le Grand.

En 1757, après l'attentat commis par Damiens contre Louis XV, les jésuites sont chassés de nouveau de France; mais ils ne tardent pas à y revenir.

En 1758, ils font assassiner le roi de Portugal et sont chassés de ce pays.

En 1762, arrêt du Parlement, rendu toutes chambres assemblées, qui chasse les jésuites de France et des colonies « à cause de leurs doctrines pernicieuses, ou le meurtre, le vol, le mensonge, le parjure, l'impureté, tous les crimes, enfin, sont justifiés. »

Un journaliste de talent a publié en 1865, chez l'éditeur Dentu, une édition des *Instructions secrètes des jésuites;* dans l'avant-propos qui précède ces monstrueuses doctrines, il s'exprime ainsi :

« On ne les voit nulle part en titre, et ils sont partout. C'est sous leur inspiration que se sont fondées la plupart des associations religieuses laïques qui, à cette heure, couvrent le monde.

« Ainsi, condamnés solennellement dans leurs actes et dans leurs doctrines, les jésuites n'en ont pas moins rouvert audacieusement leurs écoles au sein de cette France d'où trois fois ils ont été honteusement chassés. On les expulse ; ils restent toujours, et jamais ils n'ont été plus puissants. Les ministres passent, les gouvernements changent, les révolutions bouleversent le pays, les lois se renouvellent : les jésuites seuls demeurent toujours et malgré tout.

« Quelle force secrète les protége contre le droit commun, contre nos lois, contre le pouvoir lui-même ?... qui le sait ? »

Cependant la simple lecture des *Monita secreta societatis Jesu* semble suffisante pour nous mettre sur la voie d'un tel mystère ; et si l'on songe que depuis trois siècles ces odieux préceptes sont mis en pratique, on arrive forcément à cette conclusion : que de ce côté-là le *progrès* a dû se faire sur une bien large échelle.

Citons du reste quelques passages au courant de la lecture :

« Il faut faire tous nos efforts pour ga-
« gner partout l'oreille et les esprits des
« princes et des personnes les plus considé-
« rables, afin que qui que ce soit n'ose se
« lever contre nous, mais, au contraire, que

« tous soient obligés d'en dépendre. » (Chapitre II.)

« Enfin, que chacun se mette en peine de « gagner la faveur des princes, des grands « et des magistrats de chaque lieu, afin que « lorsque l'occasion s'en présentera, ils « agissent vigoureusement et fidèlement « pour nous, même contre leurs parents, « alliés et amis. » (Ch. II.)

« Il faut faire goûter aux rois et aux prin- « ces cette doctrine, que la foi catholique « ne peut subsister dans l'état présent sans « politique; mais en cela il faut employer « beaucoup de discrétion. Par là les nôtres « seront agréables aux grands et seront re- « çus dans les conseils les plus secrets. » (Ch. XVII, 3.)

« Il ne sera pas d'un petit avantage si « l'on entretient secrètement et avec pru- « dence les divisions des grands, même en « ruinant mutuellement leur puissance. » (Ch. XVII, 4.)

« Après avoir gagné la faveur des grands « et des évêques, il faudra se saisir des cu- « res et des canonicats pour réformer plus « exactement le clergé, qui vivait autrefois « sous une certaine règle avec ses évêques « et tendait à la perfection. Enfin il faudra « aspirer aux abbayes et aux prélatures, « qu'il ne sera pas difficile d'avoir si l'on « considère la fainéantise et la stupidité des « moines, lorsqu'elles viendront à vaquer : « car il serait avantageux que tous les évê- « chés fussent tenus par la société et même « le siége apostolique, principalement si le « Pape devenait prince temporel de tous les « biens. C'est pourquoi il faut peu à peu, « mais prudemment et secrètement, étendre « LE TEMPOREL DE LA SOCIÉTÉ, et il ne faut pas « douter que ce ne fût alors un siècle d'or, « que l'on n'y jouît d'une paix continuelle « et universelle, et que, par conséquent, la « bénédiction divine n'accompagnât l'É- « glise. » (Ch. XVII, 7.)

« Que si l'on n'espère pas de parvenir là, « puisqu'il est nécessaire qu'il arrive des « scandales, il faudra changer de politique « selon le temps, et exciter tous les princes « amis des nôtres à se faire mutuellement « de terribles guerres, afin que l'on implore « partout le secours de la société, et qu'on « l'emploie à la réconciliation publique, « comme la cause du bien commun, et « qu'elle soit récompensée par les princi- « paux bénéfices et les dignités ecclésiasti- « ques. » (Ch. XVII, 8.)

« Enfin la société, après avoir gagné la « faveur et l'autorité des princes, tâchera « d'être au moins redoutée de ceux dont elle « n'est pas aimée. » (Ch. XVII, 9.)

Et si l'on parcourt leurs livres où ce canevas de doctrines se trouve développé et commenté, on y trouvera, prônés, des préceptes monstrueux comme ceux-ci :

Dans la *Théologie morale* du père Escobar, tome IV, pages 278 et 284 ·

« Il est permis de tuer en trahison un « proscrit. »

« Il est également permis de mettre à « mort ceux qui nous nuisent auprès des « princes et des personnes de distinction. »

Dans un *Cours de théologie*, publié à Douai en 1680, le jésuite Jacques Platelius, formule la déclaration suivante :

« Il est permis de tuer pour se conserver « les biens de la fortune. »

« Jean de Cardenas suppose qu'il est per- « mis de désirer la mort d'un autre pour le « grand bien, même temporel, d'une com- « munauté ou de l'Église, parce que le bien « commun est préférable au bien d'une « personne particulière »

Dans ses *Aphorismes*, Emmanuel Sa dit que

« La révolte d'un *clerc* contre le roi n'est « pas un crime de lèse-majesté, parce que « le *clerc* n'est pas sujet du roi, mais bien « du Pape, qui peut suspendre la puissance

« même temporelle des rois et délier leurs « sujets de toute obéissance. »

Après cela ne saisit-on pas tout ce qu'il peut y avoir de vrai dans ce qu'écrivait en 1844 M. le comte de Saint-Priest, pair de France, et qui a été signalé par tant d'autres, avant et après lui :

« En France, la présence de ce fatal gé- « nie et de ses missionnaires naturels a « toujours accompagné toutes les calamités « publiques.

« Si on en doute, qu'on lise l'histoire « du quinzième siècle au dix-neuvième, et « de la Ligue aux Ordonnances. » (C'est-à-dire de 1560 à 1830).

Les notes du bas de la page sont des rectifications qu'il était de toute nécessité de relever dans l'intérêt de la vérité historique. A un autre point de vue, leur utilité ne nous a pas paru moins grande, et en voici la raison : Six éphémérides seulement étaient incriminées; la défense pouvait-elle prévoir que le ministère public incriminerait et commenterait une soixantaine d'autres éphémérides? Pouvait-elle se préparer à répondre sur ce qu'elle ignorait devoir être attaqué? Évidemment non. Aussi, prise à l'improviste, puisqu'elle ne pouvait pas avoir sous la main les documents nécessaires, la défense s'est-elle vue forcée de se restreindre à la réfutation des six chefs d'accusation. Affirmer une chose qui est niée, sans preuve à l'appui de votre affirmation, cela ne saurait rien prouver; c'est pourtant ce qui serait arrivé si la défense avait voulu suivre M. l'avocat-général dans ses nombreuses annotations; elle s'est renfermée, au contraire, dans les faits que la chambre des mises en accusation avait déférés à l'appréciation de messieurs les jurés; elle a bien fait. Quant à nous, en publiant ce procès, nous croyons de notre devoir d'ajouter une partie des documents que la défense eût employés pour décharger M. Raspail des nombreuses accusations dont il a été l'objet.

Ajoutons, pour répondre aux commentaires de mauvais goût d'une certaine presse, si bien dénommée naguère en pleine tribune française, que M. Raspail père ne devait pas prendre la parole dans le cours de ce procès. Son grand âge et la faiblesse de poumons que lui ont léguée les deux terribles maladies dont il n'a pu sortir que miraculeusement il y a quelques années, ne lui permettaient pas d'entreprendre et de suivre jusqu'au bout une défense de cette importance. C'est ainsi qu'il avait déclaré à l'interrogatoire de M. le président :

« Je n'ai rien à dire ; mon avocat se chargera de ma défense. »

Mais après le véhément réquisitoire de M. l'avocat-général, qui venait de s'étendre si longuement sur sa vie passée, M. Raspail se leva et vint défendre ce passé dont il a tout droit de s'enorgueillir et qui fait de lui une des belles figures de ce siècle.

La Cour de Cassation ayant renvoyé M. Raspail père devant la Cour d'assises de Seine-et-Oise pour qu'il lui fût fait une nouvelle application de la loi, nous avons retardé la publication de ce livre afin d'y joindre un résumé des débats qui se sont déroulés, le 2 mai, devant cette Cour d'assises.

Ces seconds débats complètent la physionomie de cette affaire et lui donnent, croyons-nous, un cachet désormais historique.

Xavier Raspail.

Mai 1874.

PROCÈS

DE

L'ALMANACH RASPAIL

COUR D'ASSISES DE LA SEINE

PRÉSIDENCE DE M. BONDURAND

Audience du 12 Février 1874.

A onze heures, l'audience est ouverte.

La salle est à peu près vide; dans l'enceinte réservée au public, une quinzaine de personnes seulement ont pu pénétrer.

Les prévenus prennent place sur un banc devant la barre des avocats, et répondent dans l'ordre qui leur est assigné par l'accusation, au premier interrogatoire de M. le président :

1° Raspail (François-Xavier), trente-trois ans, éditeur, né à Montrouge (Seine).

2° Raspail (François-Vincent), quatre-vingts ans, homme de lettres, né à Carpentras (Vaucluse).

3° Dupont (Paul-Auguste), vingt-six ans, imprimeur, demeurant à Auteuil.

Le jury est composé de : MM. Duchemin, chef du jury, — Klein, — Duchâtel, — Gaildry, — Duchesne, — Belleau, — Brenu, — Barberon, — Déaddé, — Camere, — Dubert, — Girard.

M. l'avocat-général Hémar occupe le siége du ministère public.

Me Forest pour MM. Raspail, et Me Le Berquier pour M. Dupont, sont assis au banc de la défense.

M. le greffier Wilmès donne lecture de l'arrêt de renvoi de la chambre des mises en accusation, qui est conçu en ces termes :

François-Xavier Raspail a publié, fait vendre et distribuer dans les lieux publics deux almanachs pour les années 1873 et 1874, portant le titre d'*Almanach et calendrier météorologique.*

Raspail, François-Vincent, a rédigé et fait insérer dans ces deux almanachs un écrit intitulé : « Calendrier ou Ephémérides des hommes et événements célèbres. »

Les dernières journées de 1870 et le commencement de 1871 ont fourni à l'écrivain l'occasion et le prétexte de formuler à chaque date une attaque contre l'armée ou ses chefs, et une apologie passionnée de l'insurrection du 18 mars.

Rendant compte de la journée du 22 janvier, il dit :

« La population de Paris, indignée contre la trahison de Trochu, accourt à l'Hôtel de ville, et les Bretons de Trochu, cachés dans les caves, se mettent à faire feu; de leur côté, une vingtaine d'agents, cachés dans un café, répondent, commandés par un agent bien connu d'emeutes ridicules. Aucun de ces agents n'est atteint. Seulement, une centaine de passants, surpris par la fusillade, femmes, enfants et vieillards, tombent foudroyés. »

A la date du 18 mars, il dit :

« Les généraux Clément Thomas et Lecomte, fusillés à l'instant où ils se préparaient à ordonner l'attaque de Montmartre. »

A la date du 21 mai, page 72 de l'almanach de 1874, il dit :

« Rentrée des Versaillais à Paris, et commencement du massacre des innocents et des incendies coupables, mais commis par qui ? »

A la page 78 de l'édition de 1873 et 72 de l'édition de 1874, il dit :

« Delescluze, homme intègre et de souffrance, qui, se reconnaissant victime d'une erreur, couronna sa longue vie par l'héroïsme de sa mort. »

A la page 72 de l'édition de 1874, et à la date du 26 mai, il dit :

« Millière, député et étranger aux actes de la Commune, est assassiné sur la place du Panthéon par l'ordre du capitaine Garcin. Madame veuve Millière intente une action civile contre le capitaine Garcin. On remarque le lendemain que, d'après l'*Officiel*, le capitaine Garcin est promu au grade de chef d'escadron. La demande de la pauvre veuve de l'innocent assassiné arrive devant le tribunal de Versailles le 30 juillet 1873; le 7 août suivant, le tribunal se déclare incompétent. »

A la page 81 de l'édition de 1873, et à la page 76 de celle de 1874, il dit, en rappelant le 23 juin 1848 :

« Jours néfastes de la deuxième République française, nouvelle Saint-Barthélemy, nombre d'or des férocités jésuitiques (1848). — Garnier-Pagès le premier (ne confondez pas avec celui des 45 centimes et qui a pris part à ce massacre.) »

L'imprimeur Paul Dupont s'est rendu complice de cette coupable publication en lui prêtant ses presses. Il a en outre contrevenu aux dispositions de la loi du 27 juillet 1849, en ne déposant pas au parquet du procureur de la République, vingt-quatre heures avant la publication, un exemplaire de chacune des deux éditions de l'almanach et calendrier météorologique, qui traite de matières politiques et a moins de dix feuilles d'impression.

INTERROGATOIRE

M. le Président. — François-Xavier Raspail, je vous demande simplement si vous reconnaissez avoir publié les deux éditions de l'almanach qui portait le nom de votre père et qui sont incriminées, l'édition de 1873 et celle de 1874 ?

R. Oui, monsieur le président.

D. Vous reconnaissez que vous avez fait cette publication ?

R. Oui, monsieur le président.

D. Reconnaissez-vous en même temps que c'est en connaissance de cause ?

R. Oui, certainement.

D. Avez-vous quelque chose de plus à ajouter, quelques explications personnelles à fournir sur les articles qui sont incriminés ?

R. Les explications que je puis avoir à donner seront présentées par mon défenseur.

M. le Président. — Veuillez vous asseoir.

D. François-Vincent Raspail, reconnaissez-vous avoir rédigé les articles qui ont été publiés par votre fils dans les éditions de votre *almanach* de 1873 et 1874 ?

R. Oui, monsieur le président.

D. Acceptez-vous la responsabilité de ces articles ?

R. Complétement.

D. Vous reconnaissez que c'est vous qui les avez fournis à votre fils pour être publiés ?

R. Oui, monsieur le président.

D. Vous n'avez rien de plus à dire quant à présent ?

R. Je n'ai rien à dire; mon avocat se chargera de ma défense.

M. le Président. — Asseyez-vous.

D. Et vous, Paul Dupont, reconnaissez-vous que vous avez, comme imprimeur, prêté vos presses pour la publication de l'almanach dont il s'agit? Vous vous êtes, par suite, d'après l'arrêt de renvoi, rendu complice du délit commis par Raspail père et fils en leur fournissant les moyens de le commettre?

R. Je ne savais pas ce que contenait cet almanach.

D. Reconnaissez-vous que vous avez omis de déposer au parquet, vingt-quatre heures avant la publication, un exemplaire de cet almanach, bien qu'il traitât de matières politiques et qu'il eût moins de dix feuilles d'impression?

R. Je n'ai pas fait de déclaration au parquet, parce que je ne savais pas qu'il traitât de matières politiques, et qu'en second lieu je l'imprimais depuis longtemps et que je ne l'avais jamais déclaré.

M. le Président. — Asseyez-vous. — Monsieur le procureur de la République, vous avez la parole.

RÉQUISITOIRE DE M. L'AVOCAT-GÉNÉRAL

M. l'avocat-général commence par expliquer à MM. les jurés, dans un long préambule, quelle est la situation des accusés au point de vue du droit et de la loi.

Dans l'espèce, continue M. l'avocat-général, Raspail père a composé l'almanach que voici et qui est un fort mauvais livre ; il a livré son écrit à Raspail fils, et c'est Raspail fils qui, en sa qualité d'éditeur, a fait imprimer cet écrit et l'a livré à la publicité. C'est pour cela, messieurs, que Raspail fils vous est présenté en ce moment comme étant l'auteur principal du délit, parce que c'est lui qui a donné la publicité à ces pensées et à ces conceptions coupables qui émanent de Raspail père. Ainsi l'auteur du délit, c'est celui qui donne la publicité ; mais l'auteur d'un délit peut avoir des complices, et ici les règles générales du droit criminel sont parfaitement applicables. Si l'almanach est délictueux, ce que j'établirai tout à l'heure ici devant vous, Raspail père est complice de son fils ; il lui a donné le moyen de commettre les deux délits ; il lui a remis les écrits qui contiennent les délits ; il les lui a donnés avec la pensée, l'intention, la volonté que ces écrits soient publiés, il est le complice de son fils.

Et si de Raspail père nous passons à Dupont, c'est absolument la même situation. Dupont est le complice de Raspail fils, puisque c'est lui qui a imprimé les écrits, livré ses presses, fait la composition, fait le tirage.

Examinons quels sont ces hommes, quel est leur passé. Nous avons vu, sur un banc un peu plus élevé, passer des criminels redoutables que vous avez frappés, et vous avez toujours tenu, et nous l'avons voulu avec vous, à savoir qui ils étaient. Nous avons voulu que vous connaissiez leur passé, leur personnalité, leur physionomie intellectuelle et morale, car c'est le caractère grave et élevé de la juridiction à laquelle vous prêtez votre concours. Ce qui existe pour les accusés ordinaires existe pour ceux que vous avez aujourd'hui devant vous. Que sont-ils et quel est le passé sous le poids ou sous la protection duquel ils se présentent à ce moment-ci devant vous?

En réalité, il ne faut guère se le dissimuler, il n'y a guère qu'un homme dans ce procès : Raspail père, qui est une des notabilités politiques de ce temps-ci; et je me rappelle que dans l'instruction, lorsqu'on interrogeait Raspail fils sur les passages de cet ouvrage que je vous ferai connaître tout à l'heure, il faisait une réponse qui, dans une certaine mesure, est juste, mais qui cependant ne le couvre pas : « Vous relevez contre moi des passages qui peuvent être délictueux; ces passages sont l'œuvre de mon père; J'AI DU LES PUBLIER ET NE PAS LES DISCUTER (1).» Cela est vrai dans une certaine mesure. Il est certain que Raspail fils aurait pu ne pas jouer le rôle d'éditeur d'un livre aussi mauvais; mais enfin, au-dessus de la personnalité de Raspail fils, il y a la personnalité de Raspail père. Je discuterai plus tard le rôle de Paul Dupont; mais je crois que vous serez d'accord avec moi que, dans la cause qui nous occupe, la personnalité grave, importante et décisive, c'est celle de Raspail père.

---

(1) « J'ai édité cet ouvrage, a dit M. Raspail fils à l'instruction, c'est mon père qui en est l'auteur; j'en ai pris connaissance avant de l'éditer, et je n'ai pas pensé qu'il tombât sous le coup de la loi; le seul nom de mon père, et le fait qu'il était l'auteur de l'Almanach, étaient de nature à me convaincre que j'avais le droit de faire ce que j'ai fait. »

Raspail vous le disait tout à l'heure dans la chambre du conseil : il a quatre-vingts ans, un âge respectable entre tous. En vertu des sentiments qui sont dans le cœur humain et qui ne s'en effaceront jamais, nous sommes habitués à entourer de respect les hommes qui sont arrivés à ces sommités de la vie. Mais enfin, quel est cet homme, quels sont les exemples et les enseignements qu'il a donnés, quels sont les faits que les événements contemporains vous apprennent?

Hélas! messieurs, Raspail avait reçu une éducation qui le destinait à une carrière autre que celle qu'il a parcourue; il avait été, dans sa jeunesse, placé entre les mains d'ecclésiastiques respectables qui avaient jeté dans sa vie la semence des bons enseignements. Sorti des mains d'un ecclésiastique pour entrer au petit séminaire, il y était chargé d'un cours de philosophie. Mais je vous étonnerai beaucoup en disant qu'il fut ensuite chargé d'un cours de théologie. Voilà les enseignements de sa jeunesse; il a repoussé tout cela; il a écarté ce passé comme un passé importun, et il s'est lancé, je ne dirai pas dans la carrière politique, — ce n'est pas une carrière, — mais dans la voie des aventures et des catastrophes politiques. Il a quitté le séminaire quand il était professeur, et on le trouve dans tous les complots qui, de 1814 à 1830, ont été des causes de désordre et de scandale, et que vous n'avez pas oubliés, messieurs les jurés.

Je ne sais si j'ai la liste entière et complète des condamnations encourues par Raspail; mais enfin cet homme, sous tous les régimes, sous la monarchie de 1814 et sous celle de 1830, surtout et par-dessus tout, sous la république de 1848, a été en lutte contre tous les gouvernements sous l'empire desquels il vivait. Il a été en lutte permanente, continuelle contre toutes les autorités quelles qu'elles fussent, et par cela seulement que c'étaient des autorités. Je ne sais si M. Raspail père pourra compléter la liste des condamnations qu'il a encourues et qu'il ne considère pas comme déshonorantes; mais le 10 mai 1831, Raspail est déjà condamné à trois mois de prison et cinq cents francs d'amende pour injures à la garde nationale; puis, le 12 janvier 1832, à quinze mois de prison et cinq cents francs d'amende pour outrages à la personne du roi et provocation au renversement du gouvernement.

Ceci est le lot de la monarchie de 1830. Nous arrivons à la République de 1848. Il est condamné le

2 avril à Bourges pour attentat contre la sûreté de l'État. Vous savez ce que c'était que cet attentat; vous êtes arrivés à un âge de la vie où ces faits ne sont pas oubliés. Il a été condamné à la haute Cour de Bourges par le jury et frappé par la Cour d'une peine de six ans de détention. Qu'est-ce que c'était, messieurs les jurés, que cette abominable affaire du 15 mai? Vous vous rappelez l'Assemblée élue en 1848, venant siéger à Paris le 5 mai (1); et puis toutes ces passions violentes qui ne trouvaient pas satisfaction dans l'élection qui venait d'avoir lieu; ces sociétés secrètes qui ne trouvaient pas que la révolution leur eût fait une part suffisamment large; tout cela se mettant en mouvement pour chasser cette Assemblée de réactionnaires élus par la première manifestation du suffrage universel. C'est alors qu'on a organisé cette immense manifestation qui s'est faite au nom de la Commune (2) et qu'on

(1) L'ouverture de l'Assemblée constituante eut lieu le 4 mai 1848.

(2) La manifestation du 15 mai faite au nom de la Commune! Vraiment, c'est à se demander si on doit s'arrêter à cette manière fantaisiste de donner une connexité telle à certains événements de notre histoire. Nous pensions que tout le monde, sans exception, savait que cette manifestation

appelle la manifestation du 15 mai. Elle s'est avancée par les boulevards, par la place de la Concorde, et en quelques instants l'Assemblée était envahie.

---

avait été organisée en faveur de la malheureuse Pologne, se débattant héroïquement sous les baïonnettes prussiennes.

C'était une erreur, on le voit

Citons simplement un des historiens les plus autorisés de la Révolution de 1848, M Leonard Gallois :

« Partout on demandait que le Gouvernement fût invité à « accorder franchement l'appui de la République française à « la Pologne : on se fondait sur les déclarations solennelles « faites au nom de la France, par le Gouvernement provi- « soire et son ministre des affaires étrangères. Partout se si- « gnaient de nombreuses pétitions dans ce but ; et le peuple « de Paris uni aux délégués des départements, se proposait « d'aller les présenter à l'Assemblée nationale.

« Dans la soirée du 12 mai, une grande agitation s'étant « manifestée à l'occasion des nouvelles de la Pologne, quel- « ques clubs décidèrent qu'une manifestation populaire aurait « lieu le lendemain en faveur de nos frères du Nord tombant « sous le fer des soldats prussiens : on osait se flatter qu'une « parole de la France arrêterait cette boucherie.

« Mais la plupart des autres clubs pensèrent que la manifes- « tation serait plus efficace si elle avait lieu le jour fixé par « l'Assemblée elle-même pour la lecture des pièces diplo- « matiques et la discussion solennelle de cette intéressante « question » (c'est-à-dire le lundi 15 mai).

Dans la pensée de tout le monde, cette manifestation ne pouvait être que pacifique ; ceci est indiscutable. Tous les journaux républicains insérèrent l'avis suivant :

« La marche devra être grave et solennelle, car il s'agit du

Raspail était à la tête de cette manifestation ; à côté de lui, il y avait UN AUTRE MISÉRABLE qui s'appelait Barbès, qui est monté à la tribune et qui a proclamé l'emprunt forcé d'un milliard sur les ri-

---

« salut d'une nation amie qu'on opprime Point de tambours, « point de musique, point d'armes, point d'autres cris que « ceux de *Vive la Pologne!* »

Le journal *l'Ami du Peuple*, de M Raspail, annonçait ainsi, dans son numéro du 14 mai, la manifestation

« Le rendez-vous des clubs pour la grande démonstration « pacifique en faveur de la Pologne est indiqué pour demain « lundi, à la Bastille, à dix heures »

Le 15 mai, en effet, un cortége immense, qui ne renfermait pas un seul homme armé, s'ébranla de la place de la Bastille et suivit les boulevards dans un ordre parfait et majestueux Mais ce que les hommes sinceres du mouvement n'avaient pas prevu, c'est qu'on chercherait, par une DIRECTION OCCULTE, à les compromettre sans retour en provoquant le désordre et l'envahissement de l'Assemblee, a l'aide d'une bande d'individus qui attendaient au pont de la Concorde l'arrivée de la manifestation. Ceci ressort de toute évidence des débats qui se sont déroules devant la haute Cour de Bourges. Parmi les nombreux témoignages à ce sujet, voici celui de M. Dandurand, ingénieur civil « Je jure, a-t-il dit dans l'audience du 10 mars 1849, que la manifestation devait s'arrêter à l'obélisque. Qui l'a dirigée ensuite? Je ne saurais le dire en conscience ; mais il y avait une direction occulte ; et, si la manifestation est devenue desordonnee, il faut l'attribuer à des hommes apostes à la tête du pont. »

ches (1). Voilà ce qu'a été la journée du 15 mai. Vous vous rappelez l'élan de la population parisienne, les légions de la garde nationale se levant comme un seul homme, chassant l'insurrection et en mettant les chefs sous la main de la justice.

Voilà ce qui a valu à Raspail une condamnation à six ans de détention prononcée par la haute Cour

---

(1) Il y a encore là une assez grosse erreur. En effet, le MISÉRABLE Barbès, représentant du peuple, se trouvait à la Chambre à son banc, pendant que cet AUTRE MISÉRABLE Raspail se trouvait à la queue de la manifestation avec son club, jusqu'au moment où on vint le prier de s'adjoindre aux délégues chargés de porter la pétition a l'Assemblée.

Maintenant Barbès n'a pas *proclamé* l'emprunt forcé d'un milliard sur les riches; il n'a fait, comme représentant, qu'une proposition dont nous ne pouvons mieux rétablir le véritable sens qu'en citant ce que dit, à ce sujet, M. Louis Blanc, dans son *Histoire de la Révolution de* 1848 :

« Separé de M. Barbès, je ne l'entendis pas demander que « pour arracher un peuple ami à l'oppression et à la mort, on « levât, s'il le fallait, un impôt d'un milliard sur les *riches;* « mais ceux qui lui ont tant reproché ce mot à lui qui, après « tout, appartenait à la classe qu'il désignait, ceux-là se sou- « venaient-ils que, pour gorger les émigrés (qui avaient com- « battu leur patrie dans les rangs de l'ennemi), la Restaura « tion avait leve un impôt d'un milliard même sur les *pau-* « *vres?*

« Un fait important à signaler, c'est qu'un seul représen- « tant se leva pour appuyer la proposition de Barbès. Et quel « était ce representant? Dupin aîne! »

de Bourges (1). Eh bien ! je crois avoir *largement et complétement justifié* mon affirmation de tout à l'heure, à savoir que Raspail, soit par un défaut de son esprit, soit par cette exaltation du cerveau dont il n'a jamais pu se guérir et qui existe encore même sous la neige des ans, s'est mis constamment en révolte contre la société.

---

(1) Oui, M. Raspail a été condamné comme coupable d'avoir voulu culbuter l'Assemblée nationale et changer le gouvernement ! Il suffit d'ouvrir le compte-rendu de la séance du 15 mai dans le *Moniteur* pour juger de la valeur de cette accusation.

« Raspail, dit ailleurs Léonard Gallois, qui jugeait le but « des pétitionnaires atteint (lecture de la pétition venant « d'être faite par lui), ne cessait d'engager les pétitionnaires « à évacuer la salle. « Le peuple a émis son vœu, s'écriait l'o- « rateur de la manifestation, il n'a plus rien à faire ici : Re- « tirons-nous, citoyens. » Et comme il trouvait plus d'un ré- « calcitrant, Raspail joignit l'exemple au précepte ; il sortit « de la salle en entraînant avec lui ceux qui voulurent le « suivre, et criant aux autres : « Retirez-vous donc, ou vous « n'êtes pas des républicains. »

En sortant de la salle des délibérations de l'Assemblée, M. Raspail, accablé par la chaleur et les efforts qu'il venait de faire, s'évanouit dans le jardin de la présidence. Lorsqu'il revint à lui, il se vit entouré d'une foule de braillards qui lui annoncèrent qu'il figurait sur une liste d'un nouveau gouvernement provisoire, et qui voulurent l'entraîner à l'Hôtel de ville « Nous emmenons Barbes à l'Hôtel de ville. » — « Hé,

Que vous dirai-je du co-prévenu de Raspail, de Dupont? La situation de Dupont est essentiellement différente. Dupont n'appartient ni au parti politique, ni à l'ordre d'idées qui a dirigé Raspail père et, dans une certaine mesure, Raspail fils. Dupont a imprimé l'œuvre de Raspail. Quand, devant le

---

emmenez Barbès si vous voulez, s'écria-t-il, quant à moi, vous ne m'emmènerez pas. » Il parvient enfin à se dégager; prend une voiture et se rend directement chez son fils, rue des Francs-Bourgeois-Saint-Michel, où on vient l'arrêter quelques heures après.

Voilà ce qui a valu à Raspail une condamnation à six annees de détention; et pourtant tout ce que nous venons de raconter sommairement à été confirmé par vingt témoins, et n'a pu être sérieusement révoqué en doute par l'accusation.

Le cadre ici est trop restreint pour s'étendre plus longuement sur la journée du 15 mai; mais il nous reste à parler d'Huber, de l'homme qui avait reçu la mission d'amener cette manifestation, des plus pacifiques au début, à se terminer dans la confusion et le désordre, à seule fin de compromettre certains noms populaires qui s'étaient lancés de bonne foi dans ce mouvement en faveur de la Pologne.

Au mois de mai 1848, on trouve Huber en relations intimes avec Marrast, membre du gouvernement provisoire, siégeant à l'Hôtel de ville et dirigeant une police distincte de la police générale (témoignage de M. Carlier, directeur de la police d'alors).

La veille du 15 mai, Huber est nommé, sur la recomman dation de Marrast, intendant du domaine du Raincy.

Et c'est cet homme, un des principaux promoteurs de la

juge d'instruction, on lui a lu des passages de ce mauvais ouvrage, il a été surpris; il a dit : « J'ai eu un tort et un grand tort, je ne l'avais pas lu. Mon attention n'a pas été suffisamment éveillée par le nom de Raspail qui était au bas. C'est une leçon, je m'humilie et je m'excuse. »

Je crois qu'il y a une certaine mesure de vérité dans ces protestations de Paul Dupont. Mais enfin il est le chef typographique d'une maison considérable, et, à ce titre, il est obligé, par la loi plus encore que par sa conscience, de faire attention aux publications qui sortent de ses presses. Il y a des obliga-

---

manifestation, comme president du club centralisateur, qui prononce du haut de la tribune ces mots constituant le véritable attentat de la journée contre l'Assemblee nationale :

« Citoyens, on ne veut prendre aucune détermination, eh « bien ! moi, au nom du peuple, trompé par ses représentants, « je déclare que l'Assemblée nationale est dissoute. »

Voici maintenant ce qui établit définitivement qu'Huber n'était qu'un agent provocateur sous tous les regimes : on trouva à la prefecture de police une nombreuse correspondance qu'il entretenait, étant en prison sous le gouvernement de Louis Philippe, avec le préfet de police d'alors. Enfin, condamné en dernier lieu et détenu à Belle-Isle, Napoléon le gracia en 1852, le nomma inspecteur des prisons, et lui fit obtenir plusieurs concessions de chemins de fer, ce qui permit à l'ancien corroyeur de s'enrichir rapidement.

tions auxquelles il faut se soumettre. Dupont y a manqué; mais en tous cas, il est bien de séparer la responsabilité de Dupont de celle de Raspail père et fils. Vous êtes en présence d'un imprimeur négligent qui a reçu plusieurs fois de la justice des leçons méritées; je vous prie de ne pas l'oublier quand vous prononcerez sur cette affaire.

J'ai fini, messieurs, ces considérations sur les accusés que je devais vous présenter, et maintenant j'examine l'ouvrage qui est entre mes mains.

Qu'est-ce que cet ouvrage? Pourquoi a-t-il été fait? Quel est son but et quelle est la pensée qui l'a inspiré?

Il prétend, comme tous les almanachs de ce genre, comme l'almanach de Mathieu Lænsberg et celui de Mathieu (de la Drôme), donner la prévision du temps. Et, en effet, on y trouve l'indication anticipée des jours de l'année, pluvieux, beaux, froids, nuageux, orageux, etc., et vous pourriez, si vous vous donniez la peine de le lire, y trouver l'annonce du temps que nous avons aujourd'hui.

Messieurs les jurés, je n'ai pas à vous entretenir du calendrier en lui-même, il est ce que sont tous ces calendriers : l'annonce du beau temps ou du temps pluvieux. Mais après cette annonce du temps, je trouve une partie qui porte le n° 11 et qui est intitulée : CALENDRIER OU ÉPHÉMÉRIDES DES HOMMES ET ÉVÉNEMENTS CÉLÈBRES. Ces éphémérides, sous une forme très-restreinte en apparence, sont cependant assez ambitieuses, et Raspail père les considère comme étant le canevas, le cadre d'un enseignement à donner à la jeunesse. Ceci y est dit en toutes lettres. Ainsi, en tête se trouvent ces lignes :

« Le jour où le nom des hommes supérieurs est « inscrit dans ces éphémérides, est le jour de leur « mort, celui qui les classe définitivement dans l'es- « time des hommes. La plupart des éphémérides « aujourd'hui ont adopté notre méthode : ils ne « comptent plus par la naissance, mais par la mort « des hommes célèbres. Espérons que les particu- « liers, de leur côté, finiront par ne plus célébrer « la fête de leurs prétendus saints, mais le jour de « la naissance. »

Raspail entend abolir ce respect que nous portons à ceux que l'Église a qualifiés de saints. Il appartient à cette école qui rejette l'existence de Dieu, de l'âme et de la vie future ; il ne veut pas de tout cela ; il se dit libre-penseur, et vous verrez l'éloge qu'il fait des libres-penseurs. — Libres-penseurs ceux qui rejettent tout cela ! Est-ce qu'ils méritent le titre de penseurs ceux qui ne connaissent que le culte et l'adoration de la matière ?

Mais enfin, messieurs, je continue :

« Les noms d'hommes ou d'événements suivis de « trois points d'admiration renversés, sont ainsi notés « d'un signe sinistre ou d'un signe d'infamie jésui- « tique. »

Ceci, messieurs les jurés, c'est la préface. Voilà maintenant l'épilogue, qui vous montrera une fois de plus que ce livre est destiné à l'enseignement de la jeunesse :

« Après la leçon de l'*Agenda agricole*, dont nous avons parlé à la page 31, l'instituteur communal devra en ouvrir immédiatement une autre exclusivement biographique et historique. Chaque jour, il racontera à ses élèves, soit la vie d'un homme célèbre ou par ses vertus, qui doivent leur servir d'exemple, ou par ses méfaits, qui doivent leur indiquer le danger à éviter ; soit l'histoire d'un événement dont la patrie ait à s'enorgueillir, ou dont l'humanité ait à réparer les désastres et à conjurer le retour. Le CANEVAS DE CE COURS se trouve dans ces *éphémérides* (Voy. page 59).

« Dans ce but, chaque jour l'instituteur devra avoir recours, pour sa leçon du lendemain, à UNE BIOGRAPHIE OU A UN LIVRE D'HISTOIRE ÉCRIT AVEC INDÉPENDANCE ET PHILOSOPHIE, afin de se pénétrer intimement de son sujet, de grouper et déduire exactement les dates. A peu d'exceptions près, et ces exceptions sont marquées d'un astérisque *, les noms d'hommes ou d'événements sont inscrits le jour où l'homme célèbre a cessé de vivre et où l'événement s'est passé. La coïncidence du jour de la date et du jour de la leçon ne serait pas un des moindres moyens de graver la leçon, d'une manière durable, dans la mémoire de l'élève.

« L'instituteur aura soin de juger les hommes et les événements d'après les règles de la raison et de l'humanité, et en se gardant bien de tout ce qui aurait l'air d'un appel aux passions de l'époque. Car la grande leçon qui ressort des vicissitudes de l'histoire, c'est le pardon réciproque des souvenirs. »

Le pardon réciproque des souvenirs! messieurs les jurés, je vous lirai tout à l'heure l'œuvre de Raspail, et vous verrez comment il entend la pratiquer, cette vertu dont il enseigne l'observance aux autres, le pardon réciproque des souvenirs! Vous verrez que dans cet esprit ardent, violent, rien n'est perdu, rien n'est oublié, et que toutes les rancunes, celles de la jeunesse comme celles de l'âge mûr, sont encore vivantes tout entières dans le petit opuscule qui est entre nos mains, et que nous ferons passer sous vos yeux. Eh bien! messieurs, c'est donc un programme destiné aux instituteurs. Voyons comment ils doivent donner l'enseignement aux jeunes générations qu'ils sont appelés à former. Cet ouvrage a eu de nombreuses éditions; nous avons l'édition de 1874, mais des questions vous seront posées à propos de l'édition de 1873. Il y a assez longtemps qu'il circule dans le public, et il y fait beaucoup de mal. Jusqu'à présent cependant il n'avait pas été poursuivi, parce qu'il n'était pas arrivé à ce degré délictueux, grave et inquiétant qui permît de l'apporter sous vos yeux et de vous demander la répression contre ceux qui s'en rendent coupables (1). Mais, chaque année, Raspail, avec un soin minutieux et profondément intelligent, ajoute, ici, là, les plus détestables et les plus faux renseignements.

Ainsi, vous verrez, quand vous examinerez les questions qui vous seront soumises, qu'il n'y a que QUELQUES PASSAGES, RELATIVEMENT PEU NOMBREUX, relevés dans l'édition de 1873, et qu'il y en a un NOMBRE BIEN AUTREMENT CONSIDÉRABLE dans l'édition de 1874 (2).

---

(1) Si l'Almanach pour 1873 n'avait pas un caractère assez *délictueux, grave et inquietant* pour être poursuivi en 1872 et dans tout le cours de 1873 où il s'est vendu publiquement, comment se fait-il qu'il le devient par le fait seul que l'Almanach pour 1874 aurait acquis ce caractère coupable ? La réponse, Me Forest l'a faite dans sa plaidoirie.

(2) Six éphémérides ont été soumises à l'appréciation du jury. CINQ sont contenues textuellement dans les Almanachs

C'est un monument qui allait se complétant chaque jour, et qui est arrivé à un tel état, qu'il n'a plus été possible à la justice de ne pas en poursuivre l'auteur et ceux qui l'aident dans sa publication, et de ne pas les traduire devant vous, pour que vous disiez ce que vous en pensez et ce que la justice doit en penser.

1873 et 1874 ; la sixième est relevée dans l'Almanach 1874. LE NOMBRE BIEN AUTREMENT CONSIDÉRABLE se résume donc à l'unité !

Or, cette éphéméride qui ne figure pas dans l'Almanach pour 1873, a trait à Millière, et la raison qui fait que M. Raspail n'en a pas parlé dans l'édition de 1873, c'est qu'il y avait encore doute à cette époque sur les motifs qui amenèrent l'exécution sommaire de Millière. Divers documents et surtout le procès intenté par madame veuve Millière contre le capitaine Garcin, et plaidé le 30 juillet 1873 devant le tribunal de Versailles, démontrèrent que Millière n'avait pu être fusillé pour participation aux actes de la Commune, auxquels actes il était resté étranger dès le début de l'insurrection. Voici, du reste, comment le capitaine Garcin s'exprime lui-même dans sa déposition devant la commission de l'enquête sur le 18 mars :

« J'ai dit à Millière que les ordres du général étaient qu'il « fût fusillé. Il m'a répondu :

« — Pourquoi ?

« Je lui ai répondu :

« Je ne vous connais que de nom. J'AI LU DES ARTICLES DE « VOUS QUI M'ONT RÉVOLTÉ ; VOUS ÊTES UNE VIPÈRE SUR LA- « QUELLE ON MET LE PIED. »

Vous verrez que la plus grande partie des passages délictueux appartient à l'édition de 1874; vous en verrez d'autres, en moins grand nombre, qui appartiennent à 1873. Le complément a[illegible] ajouté en 1874 : il était donc nécessaire que vous fussiez appelés à statuer.

Le calendrier est rédigé, mois par mois, jour par jour, et sur chaque date viennent se placer les faits qui, dans la pensée de Raspail, sont de nature à être livrés en enseignement à la jeunesse qui fréquente les établissements d'instruction primaire. Messieurs les jurés, il faut que vous connaissiez l'ouvrage à peu près tout entier, ou tout au moins que vous sachiez quel est l'esprit qui l'anime.

Je vous en lirai des passages qui ne sont pas délictueux, qui peuvent être des passages très-mauvais, mais dont vous n'aurez pas à juger. Mais enfin il faut que vous connaissiez l'esprit qui a dicté et qui anime cet opuscule (1).

(1) Le calendrier en question contient 920 éphémérides environ, dont 103, entre autres, relatent les glorieuses victoires qui ont élevé si haut le nom français. Dans ce nombre, M. l'avocat-général, en plus des 6 éphémérides incriminées, a recherché, choisi et groupé un certain nombre de passages dont la réunion permettait de présenter, à

Ainsi, nous sommes en janvier. Je commence par janvier 1874. A la date du 11 janvier nous voyons ceci :

« Victoire de Chanzy sur les troupes allemandes revenues en force près du Mans (après leur déroute du 21 décembre) 1871; mais l'arrivée de troupes fraîches (le tout au nombre de 180,000 hommes), et la poltronnerie de nos mobiles bretons, détruisent un aussi beau succès, par la prise inattendue de la Tuilerie, autrement imprenable. »

C'est un fait historique que je n'ai pas la prétention de discuter, — la bataille du Mans, — et elle n'est pas en cause. Mais enfin, jugez donc de l'esprit qui anime les éphémérides : ce sont les mobiles bretons qui abandonnent leurs positions. Hélas ! au moment où nous avions cet ouvrage entre les mains, nous lisions aussi le rapport qui vient d'être fait sur le camp de Conlie. Quel spectacle abominable ! ces malheureux mobiles bretons amenés du fond de leurs provinces, retenus dans les boues de Conlie, que jamais de propos délibéré et prémédité on

---

certains esprits, cet ouvrage sous les couleurs les plus condamnables Mais, de cette manière, il faut bien l'admettre, MM. les jures n'ont eu sous les yeux ni l'esprit général, ni la connaissance tout entière de ce livre.

n'a voulu armer parce qu'ils étaient Bretons et qu'ils ne criaient pas assez fort les cris qui étaient en usage et accueillis avec complaisance à cette époque. On les a envoyés sans armes à l'ennemi, on les a envoyés à la boucherie! Et M. Raspail dit : « La poltronnerie des mobiles bretons livre la position aux troupes prussiennes! » (1)

(1) Ainsi M. Raspail a montré quel mauvais esprit l'animait en disant que la perte de la position de la *Tuilerie* était due à la poltronnerie des mobiles bretons! Mais M. Raspail n'a fait que dire purement et simplement ce qui est arrive ; c'est un fait historique indéniable. La position de la *Tuilerie* a été perdue parce que ceux qui avaient mission de la défendre ont fui sans combattre ; et ceux qui ont fui sans combattre étaient des mobiles bretons ; est-ce donc la faute à M. Raspail! Mais on ne saurait mieux répondre aux imputations de M. l'avocat-général qui touchent autant le gouvernement de la Defense Nationale que M. Raspail, que par les témoignages du général Chanzy et du vice amiral Jauréguiberry, le premier ex-général en chef de l'armée de la Loire, le second ex-commandant en chef du 16e corps de la même armée.

M. le général Chanzy dit à la page 348 de *la Deuxième Armée de la Loire :*

« Tant d'efforts allaient être perdus. J'appris d'abord que « le général Lalande, placé par l'amiral au plateau de la « Tuilerie, au centre de sa ligne, avec les mobilisés de la « Bretagne et de l'artillerie, avait evacué spontanément, à la « nuit, CETTE MAGNIFIQUE POSITION SANS LA DÉFENDRE, ET

19 *Janvier*. — Qui de nous a oublié cette lugubre journée du 19 janvier, la bataille de Montretout, et ces désastres si cruellement annoncés dans la soirée!

« DEVANT DES FORCES TRES-INFÉRIEURES. Les mobilisés « d'Ille-et-Vilaine AVAIENT FUI AU PREMIER OBUS; l'ennemi « s'était installé à la Tuilerie sans coup férir. »

Et plus loin, page 350 :

« Après leur PANIQUE de la Tuilerie, les mobilisés de la « Bretagne, qui avaient les premiers repassé l'Huisne et la « Sarthe, s'étaient retirés sans s'arrêter jusqu'à Évron. Leur « passage à Conlie avait amené du désordre dans ce camp; « les mobilisés qui s'y trouvaient avaient hâte de le quitter, « croyant à un danger imminent, et le général de Marivault, « parti pour Rennes, n'était plus là pour les maintenir. Le « 13, malgré les ordres formels du général en chef, qui avait « prescrit de ne quitter la redoute qu'après en avoir évacué « les approvisionnements qu'elle contenait, LES VIVRES FU- « RENT PILLÉS, UN GRAND NOMBRE D'ARMES ET DE MUNITIONS « FURENT DÉTRUITES OU ABANDONNÉES, et les troupes se « retirèrent sur Assé-le-Berenger, où une faible partie pu- « rent seulement être arrêtées, les autres continuant leur « retraite sur la Bretagne. »

Si on les a envoyés à la boucherie, on peut se convaincre par-là qu'ils ont su s'en retirer pédestrement et sans grand accroc

Mais arrivons au témoignage de M. le vice-amiral Jauréguiberry :

« Le 11 janvier, dit-il, à la date du 9 décembre 1872, « j'arrivais à dix heures du matin de Château-du-Loir, où « j'avais été envoyé le 7 En traversant la position de la

« Magnifique attaque de Buzenval et Montretout, honteuse saignée donnée par le général Trochu à la garde nationale ; il sonne la retraite, après avoir passé sa journée au Mont-Valérien, et recueille, en entrant

---

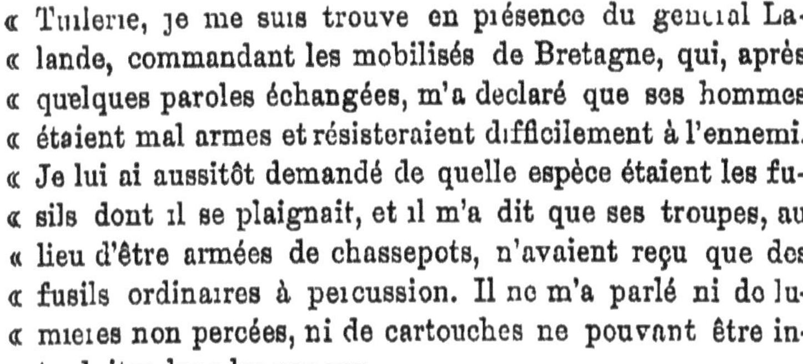

« Tuilerie, je me suis trouvé en présence du général La-
« lande, commandant les mobilisés de Bretagne, qui, après
« quelques paroles échangées, m'a déclaré que ses hommes
« étaient mal armés et résisteraient difficilement à l'ennemi.
« Je lui ai aussitôt demandé de quelle espèce étaient les fu-
« sils dont il se plaignait, et il m'a dit que ses troupes, au
« lieu d'être armées de chassepots, n'avaient reçu que des
« fusils ordinaires à percussion. Il ne m'a parlé ni de lu-
« mières non percées, ni de cartouches ne pouvant être in-
« troduites dans les canons

« J'ai repoussé ses observations, en lui faisant remarquer
« que la nature du terrain, les difficultés d'abord que pré-
« sentait la position qu'il avait à défendre, n'exigeaient ni
« fusils à grande portée, ni tir rapide, mais au contraire un
« feu lent, exécuté avec sang-froid, convenant, en un mot,
« au mode de combattre dans lequel les Bretons s'étaient
« toujours acquis une grande réputation Deux heures après,
« la bataille commençait à quelques kilomètres à la gauche
« de la Tuilerie. Et ce n'est que le soir, vers huit heures,
« lorsque les Prussiens avaient été repoussés depuis quelque
« temps déjà sur toute la ligne placée sous mon commande-
« ment, et que je revenais du Mans, où j'avais été rendre
« compte au général Chanzy des incidents de la lutte, que
« j'appris chez moi l'abandon de la Tuilerie LES MOBILISÉS
« AVAIENT FUI, SANS TIRER UN COUP DE FUSIL, DÈS QU'ILS
« AVAIENT APERÇU, JE LE RÉPÈTE, LONGTEMPS APRÈS LA LUTTE
« ACHARNÉE QUI S'ÉTAIT LIVRÉE A LEUR GAUCHE, UNE TÊTE
« DE COLONNE PRUSSIENNE. »

dans Paris, les mêmes malédictions que Bazaine après sa trahison sous les murs de Metz; Trochu se voit forcé de donner sa démission de président du gouvernement; et ses collègues n'ont pas la pudeur de lui demander sa démission tout entière : leur sanglante et orléaniste comédie n'etait pas encore jouée, et sainte Geneviève de Brabant sauve Trochu de cette marque de flétrissure qui eût sauvé Paris ¡¡¡ 1871. »

Je ne veux pas discuter; je ne veux pas me faire ici le défenseur du général Trochu, ni de l'action engagée le 19 janvier, ni des motifs qui ont déterminé cette action ; tout cela sera jugé par l'histoire, mais ce que je veux seulement vous signaler, et c'est là le but de mon insistance, c'est l'esprit violent, agressif, plein d'âpreté qui dicte toutes ces éphémérides qui sont livrées à l'instruction de la jeunesse.

Tout cela n'est bon qu'à irriter, qu'à exaspérer les esprits, comme si on jetait de l'huile sur le feu. Réveille-t-on ces souvenirs, messieurs, et dans ces termes ! Est-ce là une œuvre qui soit bonne ? Vous n'aurez pas à la juger, messieurs les jurés, mais enfin, il faut que vous connaissiez cet homme et l'esprit qui l'anime. Et puis : « Sainte Geneviève de Brabant sauve Trochu de cette marque de flétrissure qui eût sauvé Paris. » C'est incroyable. Vous allez voir revenir sainte Geneviève de Brabant à plusieurs reprises; pourquoi? Parce que c'est là un souvenir auquel se rattachent toutes sortes d'idées qui ne sont rien moins que sérieuses; et Raspail sait bien ce qu'il fait; ce n'est pas sans intention qu'il confond sainte Geneviève, la patronne de Paris, avec ce personnage qui n'est rien moins qu'historique, Geneviève de Brabant, qui peut-être n'a jamais existé et dont l'existence est au moins douteuse. Tandis que celle que tous les Parisiens connaissent comme étant la patronne de Paris, celle-là vivait dans les premiers temps de la monarchie. C'est sainte Geneviève qui a soutenu le courage de Paris, quand Paris était menacé par l'invasion des Huns. Voilà ce que nous apprend l'histoire; et ce n'est pas certainement par ignorance que Raspail confond complaisamment cette Geneviève de Brabant avec la sainte qui dans un des plus tristes moments de notre histoire, a donné l'exemple du courage et du patriotisme.

Messieurs les jurés, le passage suivant est relevé dans les questions qui vous sont soumises. Et je suis amené ainsi à vous parler du délit pour lequel les prévenus comparaissent devant vous, c'est le délit d'apologie de faits qualifiés crimes ou délits par la loi. Je commence, à ce propos, par vous faire une déclaration: je ne sais pas dans quel ordre d'idées vous êtes, et je crois que si dans la chambre du conseil vous vouliez agiter des questions politiques, vous pourriez bien ne pas vous trouver tous d'accord; je ne veux donc pas parler politique, je ne veux vous parler qu'en magistrat. Je laisse de côté ma pensée et mon appréciation personnelles, sauf en ce qui touche les crimes qui ont pu être commis, et sur lesquels j'entends pouvoir exprimer librement toute mon indignation. Je ne veux pas discuter la question politique, et j'espère que vous m'en saurez gré; mais il y a une chose que je vous demande : c'est de ne pas considérer comme des faits politiques des actes qui en eux-mêmes sont des crimes abominables contre la loi, contre le pays, contre la nation, des crimes contre la France, et qui l'ont menacée jusque dans son existence et dans les moments les plus terribles. Eh bien, messieurs les jurés, l'accusation portée contre Raspail est celle-ci : il a fait l'apologie de faits qualifiés crimes ou délits par la loi. Quels sont les faits qualifiés crimes ou délits dont il a fait l'apologie? C'est le 22 janvier, — la Commune, — l'insurrection de juin 1848.

Ah ! Raspail est un homme habile. Il vous disait tout à l'heure qu'il était un homme de lettres. Il l'a prouvé dans ce petit opuscule si simple ; et dans chacune de ces phrases si courtes, si dégagées, qui viennent se placer sous chaque date du calendrier, se trouve une insinuation violente contre tous ceux qui ont été les adversaires du 22 janvier, qui est un crime, comme le 18 mars, le plus grand de notre histoire, et comme l'insurrection de juin 1848, qui n'a été que le prélude de la Commune de 1871.

Messieurs les jurés, je ne vous demande que ceci : de considérer le 22 janvier, le 18 mars et l'insurrection de juin 1848 comme étant des crimes ; et vous allez voir quel est le rôle et l'attitude de Raspail en ce qui touche ces crimes. Ses prédilections, toutes les effusions de son cœur sont pour ceux qui ont commis ces crimes ; ses haines, ses irritations, ses colères contre tous ceux qui les ont combattus et qui y ont résisté.

Tenez, voici le 22 janvier : c'est un des faits sur lesquels vous aurez à vous prononcer. Vous savez ce qui s'est passé le 22 janvier. C'était le surlendemain de la bataille de Montretout et du grand désastre qui l'a suivie. Nous sentions tous que cette résistance si belle, si noble de Paris touchait à sa fin ; que tous les moyens humains avaient été épuisés ; nous sentions tous que si on ne se résignait pas à un sacrifice, il fallait tous mourir dans Paris. Il y a des hommes qui ont profité de cette situation pour sortir de leurs faubourgs, — les prédécesseurs de la Commune. Ils sont allés sur la place de l'Hôtel de ville; ils se sont rangés en ligne, et là ils ont ouvert le feu sur la garde mobile qui défendait l'Hôtel de ville. Ce sont les faits dont nous avons été les témoins et les victimes. Comment Raspail raconte-t-il cela dans son opuscule?

« 22 *Janvier*. — Voyage de Jules Favre, Thiers et autres pour la plus honteuse des capitulations, qui est signée le 28, 1871 ¡¡¡ »

Ici trois points d'exclamation renversés, signe sinistre ou signe d'infamie jésuitique, à votre choix.

« La population de Paris, indignée contre la trahison de Trochu, accourt à l'Hôtel de ville; et là les Bretons de Trochu, cachés dans les caves, se mettent à faire feu; de leur côté, une vingtaine d'agents cachés dans un café ripostent, commandés par un agent bien connu d'émeutes ridicules; aucun de ces agents n'est atteint; seulement une centaine de passants surpris par la fusillade, femmes, enfants et vieillards, tombent foudroyés, 1871 ¡¡¡ »

Ici encore trois points d'exclamation renversés. Qu'est-ce que vous pensez de cela? Il y a deux choses là dedans : du mensonge, de la haine. Du mensonge! Il semblerait, à entendre Raspail, que cette foule s'est précipitée à l'Hôtel de ville pour protester à la nouvelle qu'elle venait d'apprendre du voyage de M. Jules Favre à Versailles, et qu'elle voulait protester comme elle avait protesté au 31 octobre. Ce n'est pas vrai et ce n'est pas ainsi que les faits se sont passes. Nous avons le récit de M. Jules Favre devant la commission d'enquête; ce n'est pas le 22 qu'il s'est rendu à Versailles, c'est seulement le 24; c'est à ce moment-là qu'on a été discuter avec le vainqueur que vous savez les conditions de la reddition de Paris. Ce n'est donc pas en apprenant ce voyage que la population est accourue sur la place de l'Hôtel de ville; non, ce n'est vrai ni historiquement, ni matériellement. En représentant l'insurrection du 22 janvier comme le résultat de ce voyage inattendu, Raspail dénature donc les faits; il les dénature dans une pensée qui ne vous échappera pas (1). Ce n'est pas cela qui a eu lieu : nous avions

(1) M Raspail n'a jamais eu l'intention de dire que l'échauffouree du 22 janvier fût la conséquence de la nouvelle du voyage à Versailles de M Jules Favre. Les deux ephémerides contenues a la date du 22 janvier sont séparées par un tiret, comme toutes les ephemerides insérées a une même date de ce calendrier, elles sont donc distinctes l'une de

éprouvé une catastrophe, nous avions essuyé un échec sur les hauteurs de Montretout, l'armée s'était repliée sur Paris. Il y avait eu une de ces crises terribles qui se présentent à la guerre, et des misérables, croyant que l'occasion était bonne pour devenir les maîtres, se sont rués à l'Hôtel de ville. Celui

---

l'autre. Nous affirmons, encore une fois, que jamais l'auteur n'a eu la pensée de leur donner la moindre corrélation entre elles, car si telle avait été son intention, il n'aurait fait qu'une seule et même éphéméride, avec un changement de rédaction qui eût été nécessaire, bien entendu. Maintenant, pourquoi se trouvent-elles réunies sous la même date? L'échauffourée de l'Hôtel de ville a eu lieu le 22 janvier; elle se trouve donc insérée à sa date. Le premier voyage à Versailles... Ah! ici, il faut, en effet, une explication et donner le motif pour lequel M Raspail l'a placé au 22, au lieu du 24 reconnu par M. Jules Favre. M. Raspail était à Paris pendant le siége prussien; il a voulu enregistrer en quelque sorte jour par jour les événements successifs de cette lugubre période; événements qui transformaient invariablement les espérances du jour en d'amères déceptions le lendemain. C'est ainsi que, sur des informations dignes de foi, M. Raspail avait noté au 22 janvier le commencement des pourparlers pour la capitulation. On dit que ce n'est que le 24; soit. Mais nous ferons remarquer que ceux qui disent cela, ce sont les intéressés. Si on s'était contenté des assertions du maréchal Bazaine, la vérité sur les agissements qui amenèrent la capitulation de Metz n'aurait pu être mise en lumière. De même ici, l'histoire démontrera peut-être que, déjà avant le 19 janvier, la capitulation était résolue, et que cette malheureuse affaire

qui les dirigeait était un nommé Sappia, l'un des prédécesseurs des hommes de la Commune, qui avait organisé l'insurrection contre le gouvernement existant, qui a commandé les bataillons fédérés sur la place de l'Hôtel-de-Ville, qui donna l'ordre de faire feu, et qui a péri victime de son crime et dans son crime. Mais est-ce que c'est la foule qui est accourue? Est-ce que ce sont les mobiles bretons de

---

de Montretout avait été entreprise dans une tout autre pensée que celle de pouvoir rompre l'investissement.

De tout ceci, il en avait déjà transpiré quelque chose à l'époque même.

La *Patrie* insérait le 26 JANVIER 1871 :

« On a annoncé que M. Jules Favre s'était rendu PLUSIEURS « FOIS à Versailles depuis quelque temps et qu'il avait été « accompagné un jour par M. le vice-amiral de La Roncière- « le-Nourry.

« En ce qui concerne M. Jules Favre, nous croyons savoir « qu'HIER il n'a pas été à Versailles. Nous ignorons s'il s'y est « rendu aujourd'hui. L'opinion qui paraît la plus accréditée, « c'est que DEUX DE NOS HOMMES POLITIQUES les plus distin- « gués seraient arrivés de Bordeaux et auraient entamé des « négociations pour un armistice. »

M. Francis Wey, dans sa *Chronique du siége de Paris*, dit à la page 375 et à la date du 26 janvier.

« On venait d'arrêter les conditions d'un armistice pour « les négociations duquel le ministre des relations exté- « rieures avait, DEPUIS QUELQUES JOURS, fait à Versailles des

Trochu qui ont ouvert le feu sur cette foule inoffensive? Nous avons tous vu cela; nous savons que le feu a été ouvert par les bataillons arrivés des quartiers excentriques de Paris, et que les mobiles qui défendaient l'Hôtel de ville se sont défendus jusqu'à ce que les troupes soient arrivées à leur secours.

Eh bien! on vient vous représenter le 22 janvier comme étant le résultat d'un sentiment spontané de la population parisienne, et l'on transforme ainsi en un acte inoffensif, complétement innocent, ce qui était un crime abominable qui s'accomplissait pendant le siége, alors que les Prussiens étaient autour de nous, et que nous étions sur le point de discuter les conditions qui allaient amener la capitulation de Paris. N'est-ce pas une chose abominable que de transformer en insurgés les troupes qui protégeaient

---

« pèlerinages dont le secret, surtout au début, avait été « gardé. »

Enfin, le *Petit Moniteur universel* reproduisait le 29 janvier un entrefilet du *Français :*

« On nous assure, disait ce journal, que les négociations « étaient entamées à Versailles DEPUIS LE 19 JANVIER, par « l'*intérim* (entremise probablement) de lord Lyons et au « nom d'un groupe d'hommes considérables. »

le gouvernement, les troupes qui résistaient, en assassins qui massacrent la population réunie sur la place de l'Hôtel-de-Ville sous le poids d'une légitime indignation? Est-ce que cela n'est pas abominable? Est-ce que vous consentirez, messieurs les jurés, à ce que cet écrit circule de main en main? C'est la question qui vous est soumise, et c'est mon devoir, à moi, de discuter les faits devant vous, de vous signaler la perversité avec laquelle cette rédaction est faite, le mensonge historique qui y est contenu, et ce renversement complet, absolu de la vérité (1).

---

(1) Voici le récit de l'échauffourée du 22 janvier qu'a publié, le lendemain, le journal *la Presse*. On pourra se convaincre, qu'à part le *coup de feu traditionnel*, ce récit corrobore assez ce que M. Raspail a raconté brièvement dans son éphéméride, sur la foi de nombreux témoins oculaires :

« A deux heures et demie arriva une députation de gardes
« nationaux à la tête de laquelle se trouvait Tony Révillon.
« Celui-ci fut envoyé en parlementaire avec un autre citoyen
« dont nous n'avons pu savoir le nom. Après avoir causé
« quelque temps avec les officiers de mobiles qui se trou-
« vaient en dedans de la grille, les delegués entrèrent a
« l'Hôtel de ville, où ils furent reçus par M. Chaudey, en
« l'absence de M. Ferry.

« Les delégués demandèrent que le général Trochu quit-
« tât tout à fait le gouvernement, et même au besoin Paris.

« M. Chaudey leur promit de transmettre ce vœu au gou-
« vernement et reconduisit ces messieurs. De retour sur la

Je continue :

« 28 *Janvier* » : c'est le jour où la capitulation est signée.

« Honteuse capitulation de Paris, malgré Paris, par le seul Jules Favre, 1871 ¡ ¡¡ »

Je continue :

8 *Février*. — « Élection de l'Assemblée nationale, légitimiste, orléaniste et soi-disant républicaine, mais

---

« place, ceux ci rendirent compte de leur mission à leurs « mandataires. M. Tony Révillon, recommandant avant tout « le calme, leur conseilla de se retirer.

« Ce conseil fut suivi, et la députation s'éloignait par « l'avenue Victoria, lorsque déboucha, de la rue du Temple, « une bande de gardes nationaux du 101e de marche, du 207e « et quelques hommes d'autres bataillons criant : *Vive la « Commune ! à bas Trochu ! à bas les traîtres !*

« Que se passa-t-il en ce moment ? Il serait difficile de le « dire. Nous entendîmes UN COUP DE FEU, PUIS CINQ OU SIX, et « nous vîmes tomber un officier de mobiles devant la porte « de l'Hôtel de ville

« IMMÉDIATEMENT, des portes et des fenêtres du palais « municipal partit un feu de peloton, et UNE PANIQUE in- « descriptible s'ensuivit

« TOUT LE MONDE S'ENFUIT. Des fenêtres et des portes, des « maisons au coin et en face de l'Hôtel de ville, partirent « des coups de feu.

« LA FOULE affolée se precipita dans toutes les rues « adjacentes ; les chevaux, effrayés, renversèrent et piéti-

à peu près muette ; elle a fait la paix avec les Prussiens; mais à quel prix! 5 milliards d'indemnité, la cession de l'Alsace et d'une partie de la Lorraine, et l'occupation d'une partie de la France jusqu'à entier payement, et cela pour payer la faute d'un idiot d'empereur et de ses généraux d'antichambre, 1871 !!! »

Je ne veux rien dire de cela, messieurs les jurés; je ne veux pas entrer, et je m'en garderai bien, sur le terrain dangereux de la politique; je vous signale

---

« nèrent les malheureux que la curiosité avait attirés de ce « côté.

« Rien ne peut donner une idée de la panique et de ce dé- « sordre effroyable »

Prenons maintenant un journal d'une opinion tout opposée, le *Rappel*, par exemple :

« En s'en allant (le témoin oculaire), il passait sur le « quai de l'Hôtel-de-Ville, lorsqu'il a entendu, D'ABORD UN « COUP DE FEU, PUIS UNE DÉCHARGE et des cris.

« Le premier coup de feu était attribué à un gamin, et la « décharge aux mobiles d'Ille-et-Vilaine.

« Des gardes nationaux RIPOSTÈRENT, et les balles s'apla- « tirent sur la façade de l'Hôtel de ville. Ce fut une pa- « nique ; FEMMES et hommes s'enfuirent ; on se bousculait ; « on s'écrasait ; le désordre était au comble.

« Des curieux qui stationnaient sur l'avenue Victoria ont « été blessés D'autres ont été atteints par derrière à quatre « cents mètres du point où les mobiles ont fait feu.

« On ramasse les morts et les blessés Il y a quarante « blessés et vingt morts. »

M. Raspail a dit : « Une centaine de passants, surpris par

seulement la violence des expressions, la virulence des termes ; je vous demande quelles sont les idées que cela peut éveiller dans les esprits?

9 *Février*. — « La Condamine, savant mort en libre penseur, 1774. »

Il n'y a pas un savant, pas un homme qui ne soit mort en refusant les sacrements et en voulant l'enterrement civil, dont Raspail n'évoque la mémoire pour la consigner dans ses ephémérides et pour signaler leur mort aux instituteurs comme un enseignement à donner à la jeunesse.

12 *Février*. — « Victoire de Napoléon sur les alliés à Château-Thierry, 1814.—Amédée (Ferdinand-Marie) abdique volontairement la couronne d'Espagne. Excellent exemple donné à tous les prétendants massacreurs de leurs prétendus sujets, 1873. »

« la fusillade, femmes, enfants et vieillards, tombent fou-« droyés. »

Eh bien ! parmi les morts nous trouvons un enfant de neuf ans, un vieillard qui regardait de loin avec une lorgnette, une femme, madame Constant, pâtissière.

Parmi les blessés, deux enfants de seize et quatorze ans, les nommes Albanel Clement et Challamel ; une femme qui mourut quelques jours après dans une ambulance, etc...

13 *Février.* — « Assassinat politique du duc de Berry, 1820. — Assassinat juridique de Plaignier et Carboneau, 1815. — Démission dédaigneuse et fière de G. Garibaldi, représentant de trois départements français ; avec une poignée de braves de tous pays, il les a protégés contre les insultes des Prussiens, qu'il a partout mis en fuite ; et cela sans jamais avoir été secouru à temps par le gouvernement français d'alors ; pendant que nos armées étaient livrées tout entières par leurs lâches généraux commandant à Sedan (85,000), à Metz (153,000), et à Porrentruy (80,000 perdus de vue par Jules Favre) Honneur à Garibaldi ! honte aux ingrats ! Dôle, Dijon et Autun le couvrent de bénédictions. Sa gloire (et celle-là peut se vanter d'être désintéressée), sa gloire a acquis le droit de fouler aux pieds les malédictions cléricales, 1871 !!! »

Je n'ai point à discuter l'admiration de Raspail pour Garibaldi ; mais enfin il est bien singulier que dans cet ouvrage il ne manifeste de reconnaissance et n'ait d'hommages que pour ces bandes que l'on appelle les bandes garibaldiennes. Nous ne les avons pas vues, nous, à Paris, mais on les a vues en province, et les populations des départements savent ce que c'était. On les redoutait à l'égal de l'ennemi. C'étaient des bandes qui se répandaient chez nous comme en pays conquis, qui ne respectaient rien, et dont beaucoup, parmi ceux qui les composaient, sont venus à Paris se faire les défenseurs et les séides de la Commune. Est-ce que je me trompe?

Je lisais, il y a quelques jours, la déposition que voici : Il y avait en Algérie un préfet qui s'appelait Leroux; il était effrayé de voir partir de l'Algérie pour la France un ramas d'aventuriers qui venaient s'y enrôler dans les bandes garibaldiennes, et il télégraphiait au préfet de Marseille pour le prévenir de leur arrivée : « Nous expédions volontaires garibaldiens; parmi eux écume de la population; donnez ordre à la force publique de vous prêter main-forte à leur arrivée. » Voilà ce que c'était que les bandes de Garibaldi! Vous savez qu'elles ont épouvanté les provinces; vous savez qu'elles n'ont rien respecté. Je le répète, elles étaient redoutées à l'égal de l'ennemi. Eh bien! toutes les sympathies de Raspail sont pour elles.

Je continue :

20 *Février*. — « Visite de la reine d'Angleterre Victoria à la dame Montijo à Chislehurst, et au tombeau de ...... 1873. »

24 *Février*. — « Signature honteuse du traité de paix par Jules Favre, Thiers et autres partisans de la paix à tout prix, avec Bismark, 1871 !!! »

Je n'ai encore ici rien à discuter; mais est-ce

qu'il ne me sera pas permis de rappeler ce que nous avons vu à Paris? M. Raspail n'a que du mépris pour les partisans de la paix à tout prix. Les partisans de la guerre à outrance, nous savons ce qu'ils étaient, ces hommes qui ne marchaient pas aux Prussiens, qui redoutaient les dangers des avant-postes et qui se réservaient pour les Prussiens du dedans et les sorties à l'intérieur. Voilà ce qu'étaient les partisans de la guerre à tout prix : ceux qu'on a appelés les outranciers (1)!

---

(1) Nous nous permettions de faire observer qu'il y avait d'autres *outranciers ;* et pour ne citer qu'un nom, nous placerons en première ligne M. le général Chanzy.

Dans sa lettre au ministre de la guerre en date du 3 février, il s'exprime ainsi :

« IL ME TARDE QUE L'ASSEMBLÉE NATIONALE CONSACRE « L'IDÉE DE RÉSISTANCE qui, en rappelant à l'armée ses de- « voirs envers le pays, fasse oublier, surtout chez les régi- « ments de nouvelle formation, le découragement passager « qu'ont évidemment produit les fâcheux événements qui « viennent d'avoir lieu. » (*Deuxième Armée de la Loire*, p 418.)

Enfin, il termine son rapport en date du 2 février par le résumé suivant (*Id*, p. 424)

« En résumé · organiser partout la défense locale, forcer « l'ennemi à se disperser, mettre l'Allemagne dans la néces- « sité de maintenir en France une armée d'au moins 500,000·

1er *Mars.* — « Napoléon débarque au golfe Juan, 1815. — Olivier de Serres, 1619. — Déchéance du fils de la reine Hortense, frère utérin de Morny, se donnant le titre usurpé de Napoléon III, prononcée par l'Assemblée de Bordeaux, 1871. »

3 *Mars.* — « P. Fr. Van Meenen, président de la Cour de cassation en Belgique, mort en libre-penseur, 1855. »

5 *Mars.* — « Mobiles de la France congédiés, et très-justement pour le plus grand nombre, 1871. »

Voilà, messieurs, l'appréciation sur les mobiles après l'appréciation sur les garibaldiens (1).

« hommes qu'elle ne peut plus fournir sans imposer à sa « landwer et à ses dernières réserves l'obligation de rester « sous les armes, alors qu'elle n'a obtenu cet effort qu'en « propageant l'idee que la chute de Paris serait la fin de « la guerre; éviter les grands engagements avant l'or- « ganisation solide de nos troupes; defendre enfin le sol « pied à pied et amener la nation à comprendre que, pour « sauver son honneur et son intégralité, elle n'a d'autre « moyen que le sacrifice de ses intérêts materiels ET LA RÉ- « SISTANCE A OUTRANCE »

(1) Nous ne croyons pas inutile de mentionner ici l'éphéméride à la date du 7 décembre ·

« Victoire à Cravant (près d'Orléans) par l'armée de la « Loire, COMPOSÉE SURTOUT DE MOBILES, contre le prince « prussien Charles. »

Prenons maintenant ce que dit M. le général Vinoy de la

« 18 *Mars.* » — Ici, messieurs, je sollicite votre attention.

« Proclamation de la Commune de Paris, œuvre occulte du jésuitisme, le fléau de la France, 1871. »

Voilà comment le 18 mars est annoncé, et pas même un mot de protestation contre cet attentat contre lequel tous les partis se sont élevés, à moins que ce ne soient ces partis innommés qui ont fait la Commune. Rien ! (1)

« 19 *Mars.* » —Le passage vous est déféré, messieurs les jurés.

---

conduite des mobiles au moment de l'armistice (*Enquête sur le* 18 *mars*) :

« Les mobiles lui donnent (a l'aimée) un pernicieux « exemple , les 10e, 7e, 8e, 16e bataillons de la Seine, ceux de « l'Herault se mutinent ouvertement, menacent et outragent « leurs chefs , ceux de Saône-et-Loire brûlent les baraques « qui les abritent »

Après ces deux citations, qu'on relise l'ephémeride du 5 mars pour se convaincre que l'appréciation de M. Raspail n'est pas aussi injuste qu'on voudrait bien le faire croire.

(1) Cependant, si aux yeux de M. Raspail, le jésuitisme est le fleau de la France, et si d'autre part il considere la proclamation de la Commune comme l'œuvre occulte du jesuitisme, comment pouvait-il protester avec plus d'energie qu'il ne l'a fait dans son éphéméride contre l'avenement de cette Commune ?

« Les généraux Clément Thomas et Lecomte fusillés à l'instant où ils se préparaient à ordonner l'attaque de Montmartre, 1871. »

Eh bien! nous vous disons hautement qu'il y a là aussi l'apologie d'un fait qualifié crime par la loi. Pour l'assassinat des generaux Clément Thomas et Lecomte, Raspail n'a pas un mot de blâme! Et puis, comment le présente-t-il? Cette phrase est bien sèche et courte. Il l'a rédigée cependant avec une extrême habileté! Nous l'avons pris en flagrant délit de mensonge à propos du 22 janvier, et nous avons à constater ici un second mensonge en ce qui touche les généraux Clément Thomas et Lecomte. Il place l'événement à la date du 19 mars (1), c'est le 18

(1) Avant que d'appliquer à un homme de l'âge et du caractère de M Raspail l'epithete de menteur, il eût ete convenable, croyons-nous, de se demander, avant tout, s'il n'y avait pas la une de ces fautes qui incombent a la typographie, c'est-a-dire a la fabrication du livre et nullement à l'ecrivain On veut y voir, au contraire, une intention premeditee, nous declarons hautement que rien n'est plus faux Il y a une erreur de date, c'est incontestable, et des plus grossieres, encore, mais M Raspail n'en est pas responsable, nous en avons la preuve par le manuscrit de l'Almanach pour 1873, qu'il a livré à l'editeur, c'est bien au 18 mars qu'il avait l'intention de placer cette éphéméride Comment se trouve-t-elle au 19? Nous dirons d'abord que, pour donner

qu'il a eu lieu; c'est le 18 mars que ces deux malheureux généraux sont tombés entre les mains de l'insurrection, livrés par leurs indignes soldats aux insurgés qu'ils devaient combattre; qu'ils ont été traduits devant le comité dont vous savez le nom, et qu'ils en sont sortis pour être mis devant un mur

---

le bon à tirer d'une feuille, et être parvenu à en débrouiller les transpositions et les corrections mal exécutées, il est nécessaire de demander jusqu'à quatre épreuves successives; il peut donc bien se faire que, dans de telles conditions typographiques, et en présence d'un nombre aussi considérable de dates, l'éditeur ait laissé passer involontairement un anachronisme. Du reste, ce n'est pas la première fois qu'un pareil fait se serait produit; en 1870, déjà, il s'était glissé dans ces mêmes éphémérides des erreurs qui faisaient dire à M. Raspail tout le contraire de sa pensée; plus de la moitié du tirage s'était écoulé lorsqu'on s'en aperçut; on dut alors placer en tête de chacun des exemplaires restants, un carton portant l'avis suivant :

« Les bons à tirer, remis à l'imprimerie, portent :

. . . .

« Or, nous trouvons dans le tirage, et lorsque des milliers « d'exemplaires sont déjà en circulation, qu'on a substitué, « par une distraction inconcevable, aux points d'admira- « tion, des points sinistres. »

Et maintenant, on retrouve ce parachronisme dans l'Almanach pour 1874? Eh bien, c'est une preuve de plus à l'appui de ce que nous avons déjà dit, à savoir que le *Calendrier des hommes et evénements célèbres de* 1874 n'est qu'une réimpression pure et simple de celui de 1873.

et y être assassinés. La Commune, préludant ainsi à ce qu'elle devait faire plus tard, commençait à assassiner le 18 mars les deux généraux, comme elle devait assassiner plus tard l'archevêque, les prêtres et les magistrats, qui étaient tombés entre leurs mains. Comment Raspail présente-t-il cela : « Les généraux Clément Thomas et Lecomte sont fusillés à l'instant où ils se préparaient à attaquer les hauteurs de Montmartre. » Est-ce que cela est vrai? Est-ce que ces généraux se livraient à un fait de guerre contre l'insurrection? Au surplus, ils en avaient le droit, le devoir, et cela eût été qu'ils seraient tombés victimes de l'accomplissement de leur devoir. Mais est-ce que c'est vrai qu'ils se préparaient à organiser l'attaque de Montmartre (1)? Tout était bien consommé; c'étaient d'innocentes

---

(1) Nous n'avons pas la place ici pour faire l'historique de ce qui s'est passé sur les hauteurs de Montmartre dans la matinée du 18 mars; rappelons simplement qu'on voulait reprendre les nombreux canons qui s'y trouvaient, et que l'expédition manqua, malheureusement, par suite de mesures mal combinées, et surtout par la désobéissance et la défection des troupes. Qu'arriva-t-il ensuite? M. l'avocat-général l'a dit plus haut : « Les deux malheureux généraux « sont tombés entre les mains de l'insurrection, LIVRÉS PAR « LEURS INDIGNES SOLDATS AUX INSURGÉS QU'ILS DEVAIENT « COMBATTRE, et ont été assassinés. »

victimes qu'on envoyait au peloton d'exécution ! Voulez-vous que je vous dise où Raspail s'est inspiré pour écrire ces deux lignes où il y a tant d'amertume ? Il a pris cela dans le journal officiel de la Commune.

Voilà, en effet, ce que nous y lisons dans un article en date du 21 mars, que vous avez certainement remarqué, et qui a fait bondir d'indignation tous les cœurs honnêtes :

« Tous les journaux réactionnaires publient des « récits plus ou moins dramatiques sur ce qu'ils « appellent « l'assassinat » des généraux Lecomte et « Clément Thomas.

« Sans doute ces actes sont regrettables.

« Mais il importe, pour être impartial, de consta- « ter deux faits :

« 1° Que le général Lecomte avait commandé à « quatre reprises, sur la place Pigale, de charger « une foule inoffensive de femmes et d'enfants ;

« 2° Que le général Clément Thomas a été arrêté « au moment où il levait, en vêtements civils, un « plan des barricades de Montmartre.

« Ces deux hommes ont donc subi la loi de la « guerre, qui n'admet ni l'assassinat des femmes ni « l'espionnage.

« On nous raconte que l'exécution du général « Lecomte a été opérée par des soldats de la ligne, et « celle du général Clément Thomas par des gardes « nationaux.

« Il est faux que ces exécutions aient eu lieu sous « les yeux et par les ordres du comité central de la « garde nationale. Le comité central siégeait avant-« hier rue Onfroy, près la Bastille, jusqu'à l'heure « où il a pris possession de l'Hôtel de ville, et il a « appris en même temps l'arrestation et la mort des « deux victimes de la justice populaire.

« Ajoutons qu'il a ordonné une enquête immé-« diate sur ces faits. »

Voilà l'article. Sauf la brutalité de la forme, l'article de Raspail est absolument le même.

« Les deux généraux ont subi la loi de la guerre, « qui n'admet ni l'assassinat des femmes, ni l'es-« pionnage », dit le journal de la Commune.

« Les généraux Clément Thomas et Lecomte, dit « Raspail, sont fusillés au moment où ils se prépa-« raient à ordonner l'attaque de Montmartre (1). »

---

(1) Ainsi, voilà bien M. Raspail convaincu de s'être fait, dans cette éphéméride laconique, l'apologiste d'un assassinat ! Mais, avouons-le, pour atteindre un pareil résultat, il

C'est là, messieurs les jurés, un des passages sur lesquels vous aurez à donner votre appréciation.

Continuons :

26 *Mars.* — « Preter (J. B. de), le médecin le plus désintéressé, le plus ami des pauvres et le plus dévoué à la propagation du système Raspail, mort à Uccle-lez-Bruxelles, regretté de tous hors ses parents, 1872. »

---

a fallu nécessairement un raisonnement de tendance, c'est-à-dire un raisonnement tendant à faire ressortir que telle *a dû être* la pensée de l'écrivain dans ce court énoncé de faits. Eh bien ! cette interprétation, que nous repoussons avec la plus vive indignation, est monstrueusement incompatible avec le caractère d'un homme qui, pendant plus de quarante ans, n'a cessé de réclamer, par ses écrits et par la parole, l'abolition de la peine de mort, même appliquée au plus grand des coupables Et ici, d'un simple trait de plume, M. Raspail aurait renié les principes d'humanité qu'il a professés durant toute sa vie d'écrivain ! Nous le répétons, une telle supposition tombe d'elle-même. Il a dit « fusillés ! » oui, mais avec la même intention qu'il eût dit *poignardés*, si les deux généraux étaient tombés percés de coups de poignards, plutôt que criblés de balles. S'il avait eu la pensée que lui attribue l'accusation, il eût employé un mot la spécifiant · *exécutés*, aurait-il dit alors. Enfin, « au moment où ils se préparaient à ordonner l'attaque de Montmartre. » Point d'arguties. Les deux généraux ne se trouvaient pas à Montmartre par hasard, ni comme de simples promeneurs, n'est-ce pas ? ils y étaient venus d'abord pour s'emparer des canons, puis ensuite pour résister à l'insurrection commençante, et l'enrayer si c'était encore possible ; ils étaient là

Ici naturellement il y a quelques mots d'éloges.

27 *Mars.* — « Condorcet, grand et libre-penseur, 1794. »

31 *Mars.* — « Capitulation de Paris, organisée depuis longtemps par les pères de la foi (jésuites), à l'aide des membres de la société occulte de Saint-Vincent-de-Paul, qui prenaient alors le nom de *verdets,* 1814¡!! »

Je vous avoue que, pour moi, l'histoire est là présentée sous un jour tout nouveau, et que je n'avais jamais compris la capitulation de Paris comme étant le résultat des manœuvres des pères jésuites

---

pour accomplir un devoir ; ils en ont été les malheureuses victimes.

Du reste, la citation suivante, que nous puisons dans ce même Almanach pour 1874, et que M. l'avocat-général pouvait trouver à la page 176, est la plus éloquente réfutation qu'on puisse faire d'une pareille accusation :

« Qui a droit de tuer son semblable ? s'écrie M. Raspail.

« 1° Celui qui se défend contre un assassin ;

« 2° Le bourreau ou à sa place les soldats, sur l'ordre des « juges qui condamnent, et celui-là la civilisation finira par « le desarmer

« A tous les autres la loi a dit : TU NE TUERAS POINT.

« Donc, celui qui tue son semblable désarmé, CELUI-LA « EST UN ASSASSIN. »

Est-il possible, après cela, de voir l'apologie de l'assassinat des généraux Lecomte et Clément Thomas dans la courte ephéméride du 19 mars (pour le 18) ? Nous ne le pensons pas

et des membres de la Société de Saint-Vincent-de-Paul. Ce passage, messieurs, je vous le cite pour vous faire connaître l'esprit qui anime l'œuvre de Raspail.

1er *Avril.* — « Prisonniers politiques assassinés à Sainte-Pélagie par une escouade de sergents de ville, 1832. »

4 *Avril.* — « Léotade (Louis Bonafous), frère ignorantin, condamné aux travaux forcés pour viol et assassinat d'une jeune fille, 1848. — Delamontagne (le Docteur E.), médecin à Frontenay-Rohan-Rohan (Deux-Sèvres), mort d'une mort suspecte, pour avoir été dévoué au système Raspail ; il fut bon envers les pauvres. (Voyez *Revue complémentaire*, t. I, p. 357, 1855.) »

6 *Avril.* — « Arrestation de l'archevêque Darboy par la Commune (ou plutôt par les jésuites, comme excommunié par le pape ; voir son oraison funèbre par l'archevêque Guibert, son successeur), 1871. »

L'archevêque Darboy arrêté par les jésuites ! il n'y a rien à dire (1).

9 *Avril.* — « Courier (Paul-Louis), savant spirituel, assassiné par son domestique sur l'ordre des jésuites. Sa femme se réfugia en Suisse pour échapper à la honte d'une telle complicité, 1825. »

---

(1) Nous rappellerons seulement que l'archevêque Darboy s'était mis en opposition avec la cour de Rome, et qu'entre

Courier assassiné par les jésuites! (1) Je ne sais si vous vous rappelez le procès auquel a donné lieu l'assassinat de Courier : il ne s'agissait pas des jésuites dans l'affaire ; mais enfin Raspail ne voit dans tous les faits un peu importants de l'histoire que les jésuites, la Société de Saint-Vincent-de-Paul et les prêtres.

---

autres dogmes, il ne reconnaissait pas celui de l'infaillibilité du pape.

(1) Dans la *Biographie universelle des Contemporains*, publiée en 1834 par MM. Rabbe, Vieilh de Boisjolin et Sainte-Preuve, nous trouvons, page 1120 du premier volume, le passage suivant qui relate l'assassinat de Courier, et qu'il n'est pas sans intérêt de reproduire ici :

« Il fut frappé d'un coup de feu dans les bois de la Chavonnière, qu'il visitait encore une fois. On a attribué ce « crime à des haines domestiques que son caractère difficile « lui avait suscitées. On arrêta un ancien garde à son « service, et qui, dit-on, l'avait menacé. Une procédure fut « instruite et le garde fut acquitté. Ainsi, la main qui a « tranché dans l'ombre les jours du savant le plus profond, « du patriote le plus sincère, le plus désintéressé et le plus « fidèle, est toujours inconnue. Il croyait que sa vie était me- « nacee, mais IL SOUPÇONNAIT UNE AUTRE MAIN. « Prends « garde, Paul-Louis, les cagots te feront assassiner, lui dit « un jour un de ses amis. — Quelle garde veux-tu que je « prenne? répondit-il, ils ont fait tuer des rois, ils ont man- « qué frère Paul, l'autre Paul à Venise, *Fra Paolo Sapi*, « mais il l'échappa belle. » Cette pensée aurait-elle été pro- « phétique? Est-ce ainsi que la mission qu'il avait embras-

14 *Avril.* — « Massacre de femmes, vieillards et enfants à la rue Transnonain, exploit militaire de Thiers et Bugeaud, 1834. — Dorian, maire de Saint-Etienne, député et membre du gouvernement du 4 septembre 1870. Le seul homme digne de cette organisation et qui a fourni des armes et munitions, de manière à mettre en fuite les Prussiens des environs de Paris, si la France et Paris avaient eu pour se défendre d'autres gens que le dévot Trochu et l'avocasserie de son entourage. Dorian est mort en libre-penseur, 1873. »

Hélas ! mon Dieu, que j'aurais désiré qu'il réussît et que le succès couronnât de si nobles efforts ! Je laisse à Raspail la responsabilité complète de ses appréciations sur les hommes de la défense nationale ; je n'entends, sur ce point, ni l'approuver, ni le contredire. Je ne discute point.

2 *Mai.* — « Maladie des pommes de terre et autres végétaux par l'influence de l'établissement des chemins de fer, 1843 (1). »

« sée aurait été arrêtée dans son sang ? Le temps, qui dé-« voile tout, découvrira sans doute cet horrible secret ; et si « les coupables ont échappé au châtiment, ils n'échapperont « pas à l'exécration de la postérité. »

(1) L'indication de cette éphéméride, parmi celles destinées à montrer « l'esprit qui anime l'œuvre de Raspail, » aura toujours eu un résultat ; c'est celui d'avoir offert à la

6 *Mai.* — « Cavaiguac, faux républicain pour le compte des jésuites, 1857 ! ! ! »

15 *Mai.* — Je vous ai parlé, messieurs les jurés, du 15 mai et du rôle que Raspail y avait joué en

---

plume d'un figarotier l'occasion d'étaler quelques bavures de plus sur le nom d'un savant.

La maladie des pommes de terre apparut pour la première fois et fit de grands ravages en 1845. Le monde savant s'en occupa alors autant qu'il s'occupe aujourd'hui du *Phylloxera vastatrix;* mais sans plus de résultat qu'il n'en obtiendra probablement sur cette dernière question. L'Académie des sciences vit s'épanouir dans son sein un nombre incalculable de théories et d'explications de causes présumées de cette maladie végétale toute nouvelle ; pour les uns, c'était le résultat d'un *choléra souterrain;* pour d'autres, le produit d'une moisissure, etc..., et la connaissance de la véritable cause n'en était pas moins restée à l'etat de *desiderata.*

M. Raspail, apres de nombreuses observations, toutes consignées dans les six volumes de sa *Revue complémentaire des sciences*, a etabli, d'une façon irréfutable, que l'apparition de la maladie se manifestait à la suite d'un orage, par le *flambage* de la fane et par une odeur putride qui s'en dégageait immédiatement. Il reconnut, en même temps, que ce phénomène se produisait plus fréquemment dans les plaines à proximité des chemins de fer, de ces immenses voies qui établissent de vastes courants à l'electricité.

Nous n'en dirons pas plus. Cette découverte, et la date des premiers symptômes de la maladie coincidant avec l'établissement des chemins de fer, indique suffisamment qu'au point de vue de la science, cette éphémeride n'a rien du ridicule que, par ignorance, on voulait lui attribuer.

compagnie de Barbès. Comment Raspail raconte-t-il cet événement dans ses éphémérides?

15 *Mai.* — « Première déception de la deuxième République française; les jésuites s'essayant à la perte de l'institution à laquelle ils avaient tous prêté de chaleureux serments, et préludant à la Saint-Barthélemy de juin, 1848. »

Nous sommes tous libres de penser ce que nous voulons sur les jésuites, mais enfin l'émeute du 15 mai, à la tête de laquelle était Raspail, l'œuvre des jésuites (1)! Vous voyez ce qu'est l'esprit de cet

---

(1) Nous ne voulons pas revenir sur ce que nous avons dit plus haut de la manifestation du 15 mai en faveur de la Pologne, ni du piége dans lequel tombèrent certains hommes populaires qui pouvaient être une entrave aux projets que couvait sourdement la réaction, alors en majorité dans l'Assemblée; mais nous voulons montrer que M. Raspail n'est pas le premier qui ait signalé dans certains événements de notre histoire la main ténébreuse du jésuitisme.

Dans l'avant-propos de son *Histoire de la chute des Jésuites au dix-huitième siècle* (ouvrage publié en 1844), M. le comte A. de Saint-Priest, pair de France, s'exprime ainsi :

« En France, la présence de ce fatal génie et de ses mis-
« sionnaires naturels a TOUJOURS ACCOMPAGNÉ TOUTES LES
« CALAMITÉS PUBLIQUES Si on en doute, qu'on lise notre
« histoire du seizième au dix-neuvième siecle, et de la ligue
« aux ordonnances.

« Point de trève possible avec le jésuitisme : quoi qu'en

homme. Ne croyez pas que ce soit un esprit affaibli, égaré par l'âge et la vieillesse ; non, tout cela est calculé, la pointe du trait est soigneusement acérée, et rien n'a été oublié pour qu'il pénétrât dans les esprits et dans les cœurs, afin d'y animer les plus détestables passions et d'amener ces explosions si redoutables dans les temps où nous vivons.

21 *Mai.* — « Victoire de Napoléon sur l'Europe coalisée à Bautzen, 1813. — Duroc, 1813. — Rentrée des Versaillais à Paris, et commencement du massacre des innocents et des incendies coupables, mais commis par qui ? 1871.

Les incendies de la Commune, on ose se deman-

« disent ceux de ses adeptes qui ne le comprennent pas, il est « toujours en état de guerre. »

M. le comte de Saint Priest termine son avant-propos par les paroles suivantes, prononcées à la Chambre des pairs, le 23 avril 1844 :

« Je n'accuse de rien une société fameuse, si ce n'est d'être incompatible par son institut même avec les principes d'une éducation nationale Les jésuites ne peuvent pas enseigner le dévouement, surtout à des Français ; ce serait pousser trop loin l'abnégation et l'oubli ; ce serait donner un trop violent démenti à leur histoire et à la nôtre. Ils ne peuvent pas enseigner l amour de la France. C'est pour cela qu'ils y sont impossibles ; c'est pour cela que la France n'en veut pas. »

der par qui ils ont été commis! Est-ce que c'est une véritable interrogation? Est-ce que vous serez les dupes de cette rédaction? Est-ce que Raspail veut qu'il y ait un doute dans l'esprit de ses lecteurs? Commis par qui? Par les Versaillais! L'armée de la France reconstituée à peine, sortant de captivité, relevant son niveau moral, cela s'appelle des Versaillais! Le journal de la Commune ne parlait pas autrement. « Et commencement du massacre des innocents! » Ces bandits qu'on a saisis les armes à la main, tirant sur les troupes, jetant le pétrole dans les caves, et poussant les otages de la Roquette à la rue Haxo et les massacrant! Je vous disais tout à l'heure que Raspail s'était rendu coupable du délit d'apologie de faits qualifiés crimes ou délits par la loi, parce qu'il avait fait l'APOLOGIE DU 18 MARS; mais voyons! Massacre des innocents! Ces bandits, ces hommes qui ont lutté, comme vous savez! Et les incendies coupables, allumés par qui? Mais apparemment par les massacreurs, par les Versaillais! (1)

---

(1) Nous n'avons pas l'intention de rappeler ici les faits qui ont été si victorieusement établis par Me Forest dans la remarquable plaidoirie que l'on trouvera plus loin; mais il

Il y a aujourd'hui, je ne dirai pas toute une école, mais une bande politique qui représente les incendies que vous avez vus, ces incendies que vous

---

n'est pas inutile, croyons-nous, d'établir, dès à présent, le véritable sens que l'auteur a entendu donner à son éphéméride Et tout d'abord, la première chose qui ressort de la lecture, c'est que, si M. Raspail avait voulu attribuer à l'armée de Versailles les incendies de nos monuments, il eût dit purement et simplement ceci.

« Rentrée des Versaillais à Paris (c'est-à-dire des troupes « composant l'armee de Versailles), et commencement du « massacre des innocents et des incendies coupables. »

Rien de plus. Mais il a ajouté : « Commis par qui ? » Eh bien ! cette interrogation, c'est un premier jalon, c'est le champ ouvert aux recherches qui permettront à l'histoire de debrouiller la vérité et d'établir qu'au milieu d'une confusion aussi desordonnee qu'elle existait alors, toutes les passions, guidées par des intérêts divers, ont bien pu donner libre essor à leurs desseins ténebreux, en faisant disparaître des monuments comme l'Hôtel de ville, les Finances, la Légion d'honneur, etc.. « Massacre des innocents. » Est-ce qu'il n'en est pas tombé, dans ces exécutions sommaires, des innocents, victimes de dénonciations coupables et de déplorables erreurs ! Les preuves abondent et ne laissent malheureusement aucun doute à ce sujet. Est-ce que ce ne sont pas aussi des innocents, ces otages, tels que l'archevêque Darboy, l'abbe Deguerry, et le président Bonjean, dont on n'ignorait certes pas le liberalisme avancé qui le mettait en communion parfaite d'idées avec Sainte-Beuve, le professeur Robin et tant d'autres libres penseurs ?

On se rappelle que la Commune avait offert au gouverne-

avez vus couronnés d'une fumée noirâtre produite par le pétrole, comme l'œuvre des Versaillais. Il y a une certaine littérature, si toutefois cela peut s'appeler une littérature, il y a certains écrivains qui

---

ment d'échanger ces otages importants contre la personnalité de Blanqui, de ce *fantoccini* politique duquel on peut dire :

« De loin c'est quelque chose, et de près ce n'est rien. »

Le malheureux archevêque Darboy écrivait de la prison de Mazas, le 12 avril 1871 :

« Un ami de M. Blanqui a proposé de lui-même, aux « commissaires que cela concerne, cet arrangement : Si « M. Blanqui est mis en liberté, l'archevêque de Paris sera « rendu à la liberté avec sa sœur, M. le président Bonjean, « M. Deguerry, curé de la Madeleine, et M. Lagarde, vicaire-« général de Paris, celui-là même qui vous remettra la pré-« sente lettre. La proposition a été agréée, et c'est en cet « état qu'on me demande de l'appuyer près de vous. . . . . .

« Il n'y a déjà que trop de causes de dissentiment et « d'aigreur parmi nous; puisqu'une occasion se présente de « faire une transaction qui, du reste, ne regarde que les per-« sonnes et non les principes, ne serait-il pas sage d'y don-« ner les mains et de contribuer ainsi à préparer l'apaise-« ment des esprits? L'opinion ne comprendrait peut-être pas « un tel refus.

« Dans les crises aiguës comme celle que nous traversons, « des représailles, des exécutions par l'émeute, quand elles « ne toucheraient que deux ou trois personnes, ajoutent à « la terreur des uns, à la colère des autres, et aggravent « encore la situation. Permettez-moi de vous dire, sans

déshonorent leur plume et qui représentent tout cela comme intentionnel et volontaire de la part de Versailles. Est-ce qu'ils peuvent être de bonne foi en disant cela ! Je crois que Raspail n'était pas à Paris pendant la Commune. Est-ce qu'il peut être de bonne foi en disant ces mots « commis par qui ? »

Messieurs les jurés, par qui cela a-t-il été commis ? Cela a été commis en exécution d'un décret du comité de salut public que voici et qui est au *Journal officiel* du 21 mai 1871. Qui veut comprendre ce décret s'explique très-bien les incendies :

« Le Comité de salut public arrête :

« Les persiennes ou volets de toutes les fenêtres « demeureront ouvertes.

« Toute maison de laquelle partira un seul coup « de fusil ou une agression quelconque contre la « garde nationale sera immédiatement brûlée. »

« autres détails, que cette question d'humanité mérite de « fixer toute votre attention, dans l'état présent des choses « à Paris. »

M. le vicaire-général Lagarde sortit de Mazas porteur de cette lettre au gouvernement de Versailles, après avoir prêté serment de revenir auprès de son archevêque, quel que fût le résultat des négociations. Il ne revint pas, comme on sait, malgré les appels réitérés du malheureux prélat, et tout en resta là.

C'est officiel, messieurs, autant que les décrets de la Commune peuvent être officiels (1). Eh bien! Raspail se demande quels sont les auteurs de ces incendies coupables, il le reconnaît, et à côté de cela il parle de l'entrée des Versaillais à Paris et du massacre des innocents, par qui? Est-ce par les hommes de la Commune ou par l'armee de la France?

23 *Mai.* — « Le 23 mai les officiers pointeurs de Versailles ont pris le Val-de-Grâce pour le Panthéon et l'ont, dit-on, criblé d'obus, 1871. »

Vraiment pour un ouvrage destiné à l'enseignement de la jeunesse, c'est un peu hasardé.

24 *Mai.* — « Guépin (le docteur), à Nantes, meurt en libre-penseur, 1873. »

25 *Mai.* — « Delescluze, homme intègre et de souffrance, qui, se reconnaissant victime d'une erreur, couronna sa longue vie par l'héroïsme de sa mort, 1871. »

---

(1) Nous avouons, en toute sincérité, ne voir dans les termes de ce décret qu'une de ces menaces violentes de répression qui ne peuvent s'émettre qu'au moment de la lutte, par des hommes aux abois et qui ne s'attendent à aucune pitié Mais nous n'y voyons nullement qu'il soit fait allusion à l'incendie odieux de nos monuments publics et historiques

Messieurs les jurés, en vérité! Delescluze se reconnaissant victime d'une erreur! La Commune une erreur! et Delescluze au moment de sa mort confessait cette erreur! Mais c'est renverser tous les rôles.

Delescluze homme intègre, cet homme que nous avons vu délégué de la Commune à la guerre, luttant jusqu'au bout, et parlant dans ses proclamations du plaisir qu'il y a à faire le coup de feu sur les troupes de Versailles. Delescluze homme intègre et de souffrance faisant la Commune et la soutenant jusqu'au dernier moment; cet homme qu'on trouve partout dans les crimes les plus abominables, qu'on trouve au début du siége soulevant ces premières insurrections qui avortent sous le mépris public; Delescluze homme intègre, et l'on ose écrire cela! Delescluze, cet homme qui a été tué sur les barricades de la Commune en luttant jusqu'au bout; cet homme qui avait préparé et organisé tous les massacres et les incendies, homme intègre et de souffrance! (1)

---

(1) Voii l'éloquent passage de la plaidoirie de Me Forest, au sujet de cette éphemeiide conceinant Delescluze.

Vous jugerez ; il me suffit de vous signaler ces lignes. Ce n'est pas tout.

26 *Mai.* — « Millière, député et étranger aux actes de la Commune, est assassiné, sur la place du Panthéon, par l'ordre du capitaine Garcin, 1871 ¡¡¡ — Madame veuve Millière intente une action civile contre le capitaine Garcin, le 18 février 1873. On remarque le lendemain que, d'apres l'*Officiel*, le capitaine est promu au grade de chef d'escadron. La demande de la pauvre veuve de l'innocent assassiné arrive devant le tribunal de Versailles le 30 juillet 1873. Le 7 août suivant, le tribunal se déclare incompétent. »

Millière assassiné !

M. Raspail. — Mais oui.

M. le Procureur de la République. — Veuillez ne pas m'interrompre. Millière assassiné ! Messieurs les jurés, rappelez-vous ce qui s'est passé au moment où cet homme, qui avait participé à la Commune, qui présidait le comité de surveillance au nom de la Commune *(?)*, a été arrêté. Il a été arrêté dans le quartier du Luxembourg. Eh bien ! passez par le Luxembourg, vous verrez encore les murs de la rue Bréa noircis par les flammes de l'incendie ; puis, voyez à l'extrémité du jardin ce terrain remué, tourmenté comme une mer par cette explosion qui heureusement n'a pas été complète, mais qui pouvait anéantir tout un quartier de Paris. Et on a trouvé là, dans ce quartier, Millière, l'homme de la Commune *(?)*, qui avait quitté son poste de représentant pour venir avec la Commune. Il a été arrêté et fusillé comme on fusillait les insurgés pris les armes à la main. « Il a été assassiné par le capitaine Garcin ! » Messieurs les jurés, c'est toujours le même système d'excitation à la haine contre ce qui est la loi, la justice. C'est le renversement des rôles, l'apothéose du mal et le dénigrement de ce qui est le bien. « Millière étranger aux actes de la Commune, assassiné par le capitaine Garcin. »

Eh bien ! c'est une erreur ! Ce n'est pas le capitaine Garcin qui l'a fait fusiller ! Il a été exécuté sur les ordres directs du général de Cissey, et il a reçu le châtiment de son crime.

1er *Juin*.— « Holocauste humain : Jérôme de Prague brûlé vif par le clergé catholique, 1416. »

3 *Juin*. — « Cherubini, compositeur, 1842.— Ratazzi, ministre italien, qui a racheté l'ingratitude de son roi envers Garibaldi, en mourant libre-penseur, 1873. »

4 *Juin*. — « Le général Lamarque ; formidable insurrection de Paris, provoquée par le jésuite G. Cavaignac et sa bande qui s'éclipsèrent à Versailles pendant que des malheureux abusés se faisaient héroïquement massacrer au cloître Saint-Merri ¡¡¡ 1832. »

8 *Juin*. — « Émeutes et assassinats juridiques à Lyon, 1817. »

Bien entendu, les condamnations prononcées par les cours d'assises et les conseils de guerre, lorsqu'elles frappent sur le parti auquel Raspail se rattache, ce sont des assassinats juridiques.

18 *Juin*. — « Waterloo, 1815. Wellington sauvé d'une ruine complète à la faveur de la trahison organisée par l'association occulte des pères de la foi (jésuites) dans l'état-major français (l'or des Anglais n'est pas une chimère) » (1).

---

(1) On ne peut nier la trahison du général comte de Bourmont, qui déserta le 15 juin au soir, la veille de la bataille de Ligny, pour aller livrer à l'ennemi le plan de campagne de Napoléon.

La trahison débutait ainsi dans l'entourage de *l'Ogre de Corse*.

Quant à la conduite de Grouchy, voici comment elle est appréciée dans la *Biographie universelle des Contemporains*, publiée en 1834 par MM. Rabbe, de Boisjolin et Sainte-Preuve :

« Le 18, la bataille de Waterloo est livrée, et Grouchy, res-
« tant dans une inconcevable inaction, prépare et consomme
« la catastrophe qui devait amener une seconde fois le ren-
« versement du trône impérial. Aux yeux de tous les
« hommes de guerre, la faute du général Grouchy et son in-
« certitude le jour et la veille de l'action, restent sans excuse.
« On ne saurait imaginer pour quel motif Grouchy s'opi-
« niâtra à garder l'immobilité lorsque le bruit d'une épouvan-

Les jésuites auteurs de notre défaite à Waterloo, c'est un point de vue qui, certainement, est fait pour surprendre.

« Assassinat juridique du savant Romme, 1795. — Lord Raglan, général en chef de l'armée anglaise, meurt dans son lit, au siége de Sébastopol; obstacle plutôt qu'auxiliaire de l'armée française, 1855. »

Lord Raglan, qui est venu au secours de l'armée française dans cette sanglante journée d'Inkermann, où nous avons couru de si grands dangers, lord Raglan obstacle plutôt qu'auxiliaire de l'armée française !

19 *Juin.* — « Brousses (député de l'Aude) meurt en libre-penseur, après avoir laissé sa fortune et son château aux pauvres de son pays. A son enterrement civil, la troupe, sur l'ordre de son commandant, le bureau de l'Assemblée et ses huissiers se sont retirés. On a entendu son ombre murmurer, en leur pardonnant, ces paroles prophétiques : *Protestants, israélites, mahométans, et vous tous braves hérétiques, attendez vous aux mêmes marques de respect envers les morts,* 1873 !!!¡¡¡ »

« table canonnade appelait sa presence, lorsque les généraux « Maurice, Gérard, Excelmans et Vandamme, les uns avec les « prières, les autres avec les menaces, le pressaient de se « porter au feu. »

23 *Juin.* — C'est l'insurrection de juin 1848, celle contre laquelle vous avez combattu. Nous nous la rappelons encore cette insurrection, moins grave que celle de la Commune, mais sans nom, sans drapeau (1); cette insurrection faite au nom de la haine de tout ce qui possède quelque chose, du ren-

(1) Il serait hors de proportion ici de retracer les faits complexes qui amenèrent l'insurrection de juin 1848. Disons seulement que le chômage, la misère, la fermeture des ateliers nationaux, l'affichage de la décision du pouvoir exécutif prescrivant l'enrôlement dans l'armée de tous les ouvriers de dix-sept à vingt-cinq ans, la réponse faite aux délegues des ateliers nationaux : « Si les ouvriers ne se soumettent pas « volontairement au décret, ils seront renvoyes de Paris par « la force, » que tout cela avait déjà produit dans les lieux de réunion d'ouvriers une grande irritation qui se manifesta dans la soirée du 22 par les cris de désespoir : *du Travail ou du plomb.*

Le terrain était bien préparé aux ténébreuses machinations.

« Tandis que les chefs de la réaction siégeant à l'Assem- « blée, dit Léonard Gallois, détournaient les yeux du dernier « placet des ateliers nationaux pour être dispensés de con- « courir à calmer l'effervescence des travailleurs, les agents « actifs de la contre-révolution parcouraient les groupes po- « pulaires pour les exciter encore davantage contre le gou- « vernement. D'un autre côté, les partisans dynastiques, tou- « jours aux aguets des émeutes qui pouvaient les servir, ne « manquerent pas d'EMBROUILLER LES AFFAIRES DE LA RÉPU- « BLIQUE. »

Et c'est dans ces conditions que cette insurrection, si

versement des lois, de la société tout entière !

Comment Raspail en parle-t-il ? Il n'y était pas ! Il était en ce moment à Vincennes, détenu pour les faits du 15 mai. Il entend le canon du faubourg Saint-Antoine, et se demande avec anxiété si l'émeute approche pour le délivrer. Comment les désigne-t-il ces sanglantes journées où l'on préludait à la Commune, où l'on assassinait aussi un archevêque (1), où l'on mettait les mobiles entre deux plan-

---

funeste à la République, se fit aux cris : *du travail ou du plomb*, et à l'ombre du drapeau tricolore portant pour toute inscription ces mots : *du travail et du pain.*

(1) M. Louis Blanc, dans son *Histoire de la Révolution de* 1848, tome II, page 179, apporte un document décisif au sujet de la mort de l'archevêque Affre :

« Si la responsabilite de ce malheur, dit-il, devait tomber « sur un parti, ce qu'à Dieu ne plaise ! ce serait, non pas « sur celui de l'insurrection, mais sur celui qui s'intitulait le « parti de l'ordre. Qu'on lise la declaration suivante d'un « temoin oculaire :

« Je soussigné, vicaire-général de l'archevêque de Paris, qui avais l'honneur de l'accompagner dans la mission de paix et de charité qu'il avait entreprise, atteste, autant qu'il a été possible d'en juger au milieu d'une grande confusion, qu'il n'a pas été frappe PAR CEUX QUI DÉFENDAIENT LES BARRICADES.

« *Signé :* JACQUEMET, *vicaire-général.*

« 26 juin 1848. »

L'archevêque Denis Affre, au moment où il s'adressait

ches pour les scier (1), comme plus tard on faisait flamber comme des torches des capitaines de l'armée française :

---

aux insurgés, où il était tourné de leur côté par conséquent, fut frappé d'une balle DANS LES REINS.

M. Léonard Gallois cite un journal religieux, voici un passage de la relation que ce journal fit alors de cette triste catastrophe :

« Rendons justice à tout le monde. les insurgés se précipitent à son secours, ils l'environnent de soins, le transportent respectueusement à l'hospice des Quinze-Vingts, et lui constituent une garde. Ils font plus, ils recueillent les signatures de tous les temoins oculaires, pour attester *que ceux a qui s'est adressé le prélat* n'ont point tiré sur lui : ils tiennent infiniment à ce que ce fait soit bien constate »

Enfin, relatons une circonstance des plus concluantes, et qui est consignée dans un livre non suspect de partialité envers les insurgés : *les Fastes de la garde nationale :*

« Parmi les insurgés accourus pour soutenir le prélat, TROIS FURENT FRAPPÉS PAR DES BALLES VENANT DU MÊME CÔTÉ, et tombèrent morts à ses pieds. »

(1) Le journal *la République française* du 15 février 1874 s'exprime ainsi :

« A propos des événements de 1848, le réquisitoire assure qu'à cette époque « on sciait les mobiles ». Nous savons que les labeurs d'un magistrat du parquet ne sont pas ceux d'un historien, mais nous croyons rendre service à M. Hémar en lui disant que ce sinistre canard a été si péremptoirement anéanti et depuis si longtemps, que les

« Jours néfastes de la deuxieme République française; nouvelle Saint-Barthélemy, nombre d'or des férocités jésuitiques, 1848. »

« conservateurs sérieux doivent se faire un devoir d'en élu-
« der le souvenir.

« La politique du jour a ses entraînements, l'histoire exige
« plus de sérenité et de hauteur de vues. »

Il y a lieu, en effet, de s'etonner de voir rééditer, au bout de vingt-six ans, une de ces monstrueuses calomnies qui disparurent dès leur apparition devant la réprobation de tous les honnêtes gens. Était-ce donc à des cannibales que croyait s'adresser le général Cavaignac dans sa fameuse proclamation DU 25 JUIN 1848?

« ..... Venez à nous, venez comme *des frères repentants* et soumis à la loi, et *les bras de la République sont tout prêts à vous recevoir.* »

Et le 26, dans une seconde proclamation :

« Dans Paris, je vois des vainqueurs et des *vaincus.* Que mon nom reste maudit, si je consentais à y voir des victimes! »

Serait-il possible de parler ainsi a des pillards et à de misérables assassins?

Mais, hélas! comment cette promesse trompeuse fut-elle remplie! « Nouvelle Saint-Barthelemy, » dit M. Raspail, voyons donc :

« Ce qui est certain, s'écrie M. Louis Blanc, c'est que les représailles eurent, en maint endroit, un caractère sauvage; c'est que des prisonniers entassés dans le jardin des Tuileries, au fond du souterrain de la terrasse du bord de l'eau, furent tués *au hasard* par des balles qu'on leur envoyait à travers les barreaux; c'est que des prisonniers furent fu-

6 *Juillet.* — « Entrée triomphale du shah (empereur) de Perse, Nasser-ed-Din, à Paris, 1873; et pas une bouchée de pain aux pauvres qui meurent de faim. »

7 *Juillet.* — « Entrée des alliés à Paris, à la faveur de la trahison organisée par les pères de la foi (jésuites) parmi les royalistes, 1815. »

13 *Juillet.* — « Marat, assassiné par Charlotte Corday, séide des jésuites, 1793. — Duguesclin, 1380. — Duc d'Orléans, non pleuré par son père, Louis-Philippe, 1842. »

La mort du duc d'Orléans non pleurée par son père !

16 *Juillet.* — « Béranger (P.-J. de), immortel chansonnier, mort entouré de médecins inhabiles et du rebut du libéralisme; puis conduit au tombeau par des régi-

---

sillés à la hâte dans la plaine de Grenelle, au cimetière Mont-Parnasse, dans les carrieres de Montmartre, dans la cour de l'hôtel de Cluny, au cloître Saint-Benoît, c'est qu'au coin de la rue des Mathurins-Saint-Jacques, on vit des gardes mobiles, en état d'ivresse, faire feu sur quiconque passait vêtu d'une blouse, c'est qu'à la Villette, un malheureux reçut une dechaige presque à bout portant, parce qu'il avait un tricot de laine rouge, c'est enfin qu'une humiliante terreur plana, la lutte finie, sur Paris devaste

« Deplorer l'egarement des insurgés, pleurer, parmi tant de vaincus, ceux qu'on avait aimes, nul ne l'eût osé impunement. On fusilla une jeune fille parce qu'elle avait fait de la charpie dans une ambulance d'insurges, pour son amant, peut-être, pour son mari, pour son père ! »

ments qui menaçaient la douleur publique accourue de toutes parts aux obsèques de ce libre-penseur, 1857. (Ses vrais amis le pleuraient dans l'exil, en Belgique.) »

28 *Juillet.*— « Machine infernale de l'infâme Fieschi, espion de la cour; elle ne fut braquée que contre le peuple et la liberté du *Réformateur*, 1835. »

Le *Réformateur* était un journal qui appartenait sans doute au parti de Raspail (1). C'est contre ce parti que Fieschi, inspiré par les jésuites, a dirigé sa machine infernale.

6 *Août.* — « Odilon-Barrot, avocat presque sans cause et qui a gagné à ce métier quelque chose comme plusieurs millions, en plaçant ses parents préfets et sous-préfets, sous tous les règnes ; le prefet de Bourges, sous notre auguste empereur, était son beau-frère ; il a su ce que lui a coûté notre condamnation. En récom-

(1) M Raspail était redacteur en chef du *Réformateur;* aussi le ministre d'alors, qui cherchait par tous les moyens a se debarrasser de ce journal, profita-t-il de l'attentat de Fieschi pour faire arrêter M. Raspail, qui ne se trouvait justement pas à Paris en ce moment, le telegraphe joua en conséquence, et le soir même M Raspail etait arrêté aux portes de Nantes, où il venait presider un banquet, puis il fut ramene à Paris, malgre toute la bonne volonte qu'on y mit, il fut impossible de l'impliquer dans cet infâme complot, mais il n'en fit pas moins une longue prévention, et le tour était joué.

pense, mon système de médecine a fait vivre le grand Odilon-Barrot quatre-vingt-trois ans, 1873. »

28 *Août.*— « Présentation des lois odieuses votées en septembre suivant, lois préparées par la machine infernale de Fieschi, et braquées spécialement contre le journal *le Réformateur*, afin de le faire passer entre les mains de quelques imbéciles séides de la société de Jésus, 1835. »

Ainsi la machine de Fieschi a eu pour résultat d'enlever le *Réformateur* aux amis de Raspail, et de le faire passer entre les mains de quelques imbéciles séides de la compagnie de Jésus !

1er *Septembre.* — « France, rougis ¡¡¡ à Sedan, l'enfant de la reine Hortense, ton idiot d'usurpateur, se disant Napoléon III, un drapeau blanc à la main, s'avance auprès des Prussiens étonnés pour leur livrer toute sa brave armée de 85,000 hommes ¡¡¡ ¡¡¡ ¡¡¡ triple expiation du plébiscite ; et il fuit comme un lâche, à l'insu de son armée livrée à l'ennemi. Le même jour, le général Vinoy, entendant la canonnade à 16 kilomètres de Sedan, recule avec 20,000 hommes devant la division wurtembergeoise, 1870. »

Je ne vous signale cela qu'au point de vue du style et de la littérature, et je m'abstiens de toute appréciation.

2 *Septembre.*— « Massacres des prisons de Paris, ot-

ganisés par les jésuites, dans le double but de punir les nobles libres-penseurs et de jeter de l'odieux sur la Révolution française, 1792. »

Ces massacres, qui ont été organisés par la première Commune et auxquels Danton a présidé, dont il a accepté la responsabilité, tout cela est organisé par les jésuites (1). Je passe.

3 *Septembre.* — « Deuxième journée des saturnales dans le sang, sous les inspirations secrètes des jésuites impitoyables, auteurs du terrorisme, 1792. »

4 *Septembre.* — « Déchéance du prétendu Napoléon III par le gouvernement provisoire, composé d'orléanistes, coupables plus tard, comme lui, d'avoir livré Paris et la France aux Prussiens Je puis certifier que ces braves gens (MM. les orléanistes de l'Assemblée) étaient avertis d'avance que Napoléon devait être pris; je doute qu'ils le nient, 1870. »

Les orléanistes savaient que nous serions défaits à la bataille de Sedan !

5 *Septembre.* — « Trochu se nomme président du gouvernement de la Défense nationale, quoique ou parce

(1) « En France, la présence de ce fatal génie et de ses « missionnaires naturels a toujours accompagné toutes les « calamités publiques »

(Comte Alexis de SAINT-PRILST, pair de France)

qu'il était dévot à la Vierge et à Geneviève de Brabant 1870. »

Je vous rappelle que cette Geneviève de Brabant est un personnage plus ou moins légendaire que Raspail confond systématiquement avec sainte Geneviève, patronne de Paris, et que tous les Parisiens connaissent.

12 *Septembre*. — « Assassinat juridique du vertueux de Thou, 1642.— Rameau, grand musicien, mort libre-penseur, 1764. »

17 *Octobre*. — « Ninon de l'Enclos, la femme libre, 1705¡¡¡ »

Ce n'est pas ce que blâme en Ninon de Lenclos M. Raspail. Trois points d'exclamation renversés, c'est le signe sinistre ou de l'infamie jésuitique. Je ne vois pas qu'il se rattache de souvenirs bien sinistres à Ninon de Lenclos (1); c'est donc le signe d'infamie jésuitique.

21 *Octobre*. — « Nelson tué à Trafalgar ; il savait

(1) Cependant, nous ne pensons pas que l'exemple de cette célèbre courtisane puisse mériter des points d'admiration, ni que sa vie de *femme libre* puisse être signalée autrement que par un signe de blâme.

d'avance que quinze vaisseaux français au moins amèneraient leurs pavillons, en dépit de la bouillante indignation de leurs intrépides marins. Seconde édition des manœuvres d'Aboukir, 1805.»

Le désastre de Trafalgar, une trahison des marins français ! tous les capitaines décidés d'avance à amener leurs pavillons ! Comme tout est renversé ! Comme cet homme cherche à jeter l'opprobre sur tout ce qui est glorieux, sur tout ce qui est patriote ! Tout ce qui n'est pas lui ou ses amis les hommes de la Commune, tout cela est infâme. Les capitaines des vaisseaux de Trafalgar disposés à livrer leurs vaisseaux !

26 *Octobre.* — « Voyez, dans notre *Almanach météorologique pour* 1872, page, 166, le rare fait d'armes du marquis de Fréminville, capitaine des mobiles de l'Ain, qui, furieux d'avoir fouillé vainement dans nos caves, en les dévastant, s'en vint opérer au grand jour, en brisant quatre statues à coups de *revolver* et de sabre, en face des soldats du même corps, qui lui reprochaient ces actes de lâcheté. Savez-vous qui a été puni dans cet acte d'iconoclaste ? Ce sont ces braves soldats, pour avoir insulté ce digne capitaine qui leur conseillait de tout dévaster dans la maison du républicain Raspail. Ainsi va la justice des conseils de guerre. — L'exemple donné par le marquis de Fréminville a été trop bien suivi par les mobiles de la Vendée et du Puy-de-Dôme, qui n'ont laissé que des ruines dans la commune d'Ar-

cueil-Cachan. (Voyez en même temps ce que dit, de cet acte de bravoure, l'ex-sénateur Vinoy, et passez outre) !!! »

Ainsi va la justice des conseils de guerre ! ces soldats ont été condamnés pour avoir dévasté la maison de Raspail ; ils étaient excités par leur capitaine, et ce sont les soldats qu'on punit, ceux qui ont résisté ! (1)

---

(1) Ces faits eurent, à l'époque, la plus grande publicité, M. B. Raspail fils adressa aux journaux une lettre detaillée à ce sujet, et que nous retrouvons dans *la Cloche* du 19 novembre 1870 Nous en extrayons le passage suivant :

« Aussitôt que je fus informé de ce deni de justice, je me hâtai d'écrire aux genéraux Trochu et Vinoy pour leur demander réparation envers le lieutenant Brunel (puni de quinze jours d'arrêts de rigueur), et les deux mobiles (condamnés à trente jours de prison), et justice contre le noble capitaine de Fréminville.

« Le 6 novembre, huit jours après, n'ayant reçu aucune réponse à ma lettre, je réiterai auprès des deux généraux ma juste réclamation, ajoutant « que, par suite de faits nouvellement recueillis, on devait rechercher si M. de Fréminville n'avait pas commis ces actes odieux pour détourner l'attention de certaines incursions faites par lui un instant auparavant dans notre habitation, incursion dont le but conduit directement, en temps ordinaire, tout individu devant la cour d'assises et un capitaine devant la cour martiale. »

« Comme la réponse se fait encore attendre, je me vois forcé de prendre le parti de livrer les faits à la publicité »

31 *Octobre.* — « La population de Paris, indignée de l'abandon de nos héroïques combattants du Bourget par Trochu, se transporte à l'Hôtel de ville ; le gouvernement provisoire orléaniste transforme cette explosion en une cohue indéfinissable, sans rime ni raison ; le tour était joué ¡¡¡ 1870. »

Le 31 octobre, une cohue qui se transporte à l'Hôtel de ville... c'est vrai ! Mais le gouvernement qui chasse tout cela est un gouvernement indéfinissable, sans rime ni raison. Les malheureux membres du gouvernement de la défense nationale, expiant peut-être la faute qu'ils avaient commise, et se voyant au pouvoir de ceux qui les avaient soutenus autrefois, et qui maintenant les accusaient de trahison ; injuriés, menacés, pendant que le canon tonnait aux remparts, — voilà le 31 octobre.

Vous savez ce qu'a été le 31 octobre, que ça été le premier essai de la Commune.

15 *Novembre.* — « Képler, astronome, 1630. — Suicide sublime de Roland, en apprenant la mort, par la guillotine, de son épouse, 1793. »

1er *Décembre.* — « Brillant fait d'armes par l'armée de la Loire contre les Prussiens, au château de Villepion, 1870. — Victoire à Autun de Garibaldi sur les Prussiens, supérieurs en force ; belle conduite des habitants d'Autun. — Le même jour, le général Ducrot s'était engagé de ne rentrer à Paris que MORT OU VICTORIEUX; le grand sonneur de retraite, son ami le général Trochu, lui tendit la main à Champigny, en même temps que les Prussiens du prince Charles sonnaient la retraite de leur côté. Le siége de Paris a été fécond en pareilles retraites, sonnées à Châtillon par le général Vinoy; à Buzenval par Trochu, etc., alors que nos troupes ardentes marchaient à la victoire. Cela n'a fini qu'après que Trochu eut achevé de rédiger son plan, aux pieds de sainte Geneviève de Brabant, et l'eut déposé, dûment cacheté, chez un notaire, et que Jules Favre fut allé, SEUL de son gouvernement, signer, les larmes aux yeux, le traité de paix avec son excellent ami Bismark. Ainsi finit la série de nos hontes officielles, de nos glorieuses souffrances et de nos plus glorieuses espérances, sur quatre points différents de notre malheureux pays, 1870. »

Ce sont là, messieurs, des appréciations que je ne vous livre que pour vous faire connaître l'esprit qui anime cet ouvrage. J'en ai fini. Je vous demande pardon de vous avoir obligés d'entendre ces nombreuses citations; mais enfin vous avez à connaître l'esprit qui a dicté le choix de ces éphémérides; vous avez à voir si ce n'est pas le résumé complet de la vie de Raspail, qui a été une lutte de tous les instants contre la société. N'est-ce pas là un livre qui peut exciter les plus détestables passions? Sous cette forme sèche, dépouillée d'ornements, chaque mot porte, chaque trait perce, chaque parole irrite. Vous allez en juger. Mais je tiens à vous le déclarer : il est mauvais dans un temps comme celui où nous vivons que de pareils livres circulent entre les mains des populations illettrées, pour lesquelles le mensonge s'élève ainsi aux yeux d'une vérité historique. Où est donc le remède à une pareille situation, où sera l'obstacle ? Ah ! messieurs les jurés, le remède et la résistance, ils sont en vous. C'est à vous que nous nous adressons pour empêcher que de pareils ouvrages aillent continuer d'infester la population ; pour empêcher que de pareils livres aillent servir à l'instruction de la jeunesse et y allumer la haine. Est-ce que vous tolèreriez que de pareils ouvrages puissent circuler impunement, qu'ils puissent sortir des presses de Dupont, du cabinet de Raspail, pour se répandre dans la population ? Ces questions, je vous les pose avec une grande confiance.

Je vous demande pardon d'avoir abusé de votre patience et de vous avoir fait subir le supplice de toutes ces lectures ; mais c'était nécessaire. A vous, messieurs les jurés, de remplir la tâche dont la loi vous a investis.

M. le Président. — La parole est aux défenseurs.

M. Raspail. — Monsieur le président, avant que mon avocat, Mᵉ Forest, réponde, je désirerais présenter quelques observations.

M. le Président. — Vous avez la parole.

RÉPONSE DE M. RASPAIL PÈRE

A M L'AVOCAT-GÉNÉRAL

Monsieur le président, messieurs de la Cour, messieurs les jurés,

Vous venez d'entendre M. le procureur du *roi.* Vous me prêterez, je l'espère, la même attention. Il ne m'a pas fait grâce d'un seul article, pas même de celui qui concerne la maladie des pommes de terre.

Il a attaqué toute ma vie, il doit m'être permis de la défendre, et je le ferai hautement dans cette occasion comme dans toutes les autres. Je ne suis pas arrivé à l'âge de quatre-vingts ans pour rétracter en rien les convictions de ma vie entière.

Il m'a attaqué jusque dans ma famille. Ah! messieurs, ma famille! Il a dit qu'elle avait été mal instruite par moi! Je suis à la tête d'une famille que j'ose proposer à tous comme exemple. Mes fils sont des enfants soumis, honnêtes, qui, de même que leur père, ne doivent rien qu'à leur travail, à leur intelligence et à leur probité, et je ne comprends pas que M. l'avocat-général ait pu se permettre de me représenter comme un père qui n'élève pas ses enfants d'une manière digne d'un honnête homme.

Après avoir attaqué mes opinions, il vous a énuméré longuement mes condamnations. — Nous sommes sous la République, — vous vous en souvenez sans doute, — et j'ai été condamné par la monarchie. Parmi mes condamnations, il en a oublié une, la première : elle fut le fait des jésuites. C'était en 1815. Je fus alors condamné à mort et sur le point d'être égorgé par le nommé Pointu (1), que la Cour de cassation ne tarda pas à flétrir et à mettre hors

---

(1) Pointu était commissionné par les cours prévôtales pour assassiner ceux qui lui étaient désignés dans le département de Vaucluse, de même que Trestaillon remplissait les mêmes fonctions à Nîmes. Ces deux scélérats fusillaient en plein jour, dans les rues, sur les places publiques, tous ceux dont les noms étaient portés sur leurs listes secrètes,

la loi. Aussi, ne trouvant plus d'asile dans le département de Vaucluse, il se réfugia dans les bois, où plus tard on le trouva, les poches pleines d'or et les membres dévorés par les animaux carnassiers. Il s'était formé à cette époque non pas des tribunaux, — la justice se respectait, elle n'ordonne pas l'assassinat des innocents, — mais des cours prévôtales. Elles étaient organisées par les membres de cette société, qu'un arrêt du Parlement de 1762 a appelés des « *scélérats* » et qu'il a expulsés de France, et cet arrêt n'a jamais été révoqué.

Je fus donc condamné par une de ces cours et je l'échappai belle, car un jour je rencontrai ce Pointu. Je portai la main à mon gilet pour y prendre mon pistolet et pouvoir me défendre. Mais il ne me reconnut pas et me laissa passer. Il se rendait à la prison de Carpentras avec le dessein d'égorger une soixantaine de braves et honnêtes gens de la ville qui avaient été récemment incarcérés. Mais le guichetier lui refusa l'entrée de la prison. « Tu ne passeras pas, lui dit-il ; je suis un brave homme, j'obéis aux tribunaux, mais pas à un assassin de ton espèce. » — Sans cet acte, ce jour-là soixante personnes étaient égorgées.

Avant cette condamnation de 1815, le 2 décembre

1813, j'avais été requis de prononcer le discours pour la bataille d'Austerlitz, discours par lequel on célébrait chaque année l'anniversaire de cette victoire, mais qu'à ce moment-là personne ne voulait se charger de prononcer. J'étais alors professeur au collége de Carpentras. Pour échapper aux persécutions de la secte, j'avais donné ma démission de professeur de théologie et de philosophie au séminaire d'Avignon, et j'étais volontairement descendu au rôle de professeur de troisième. Mais j'étais par le fait employé du gouvernement, et les autorités vinrent m'ordonner de prêcher le discours d'anniversaire. Je montai en chaire un peu intimidé, car la secte se préparait déjà à cette époque à faire subir de grandes vexations à des hommes innocents. Cependant mon discours fut écouté très-attentivement et dans le plus grand silence par toutes les autorités de la ville, voire même par un cardinal. Au sortir de l'église, les magistrats, le procureur général en tête, envoyèrent à ma mère une députation pour la féliciter. Le sous-préfet me fit demander mon discours : je n'en avais pas; j'avais parlé d'inspiration. Alors on se réunit, chacun donna les passages qu'il avait retenus ; on reconstruisit ainsi le discours, et il fut envoyé à l'empereur. La réponse de Napoléon fut : « Surveillez ce jeune homme, il ira loin » (1).

Voilà pourquoi j'étais haï par ceux que vous savez. Ma première condamnation est due aux Verdets, des hommes qui s'intitulaient alors les pères de la foi, et qui n'étaient autres que ces hideux jésuites que le Parlement, en 1762, a traités de corrupteurs de la jeunesse.

Après 1815, pour me soustraire aux persécutions, je me rendis à Paris, et là je luttai pendant quinze ans contre une honorable pauvreté ; pendant ces quinze années, je n'ai jamais subi la moindre condamnation ; je vous défie de soutenir le contraire. Mais, persécuté d'un côté, de l'autre travaillant nuit et jour pour parvenir à cette science qu'on voulait me ravir, je passai ces quinze années à produire beaucoup, et cela la plupart du temps devant un morceau de pain et un verre d'eau. J'aurais pu avoir une tout autre existence, car de grandes dames qui allaient à la cour de Louis XVIII m'engageaient à m'y présenter ; elles me disaient :

(1) Ce discours, portant cette annotation de la main de Napoleon, existait encore, il y a quelques années, aux Archives Nationales.

« Vous connaissez votre Horace par cœur, le roi vous aimera et vous arriverez. » — Je ne pouvais dire à ces dames que j'étais proscrit : je renonçai à les voir.

Ainsi vous voyez que j'aurais pu réussir et, comme tant d'autres, vivre du budget; mais je n'ai jamais voulu rien accepter d'aucun gouvernement, si ce n'est du suffrage universel.

Arriva la Révolution de 1830. Je fus un des combattants de juillet et je fus blessé. Je n'ai voulu accepter aucune récompense, si ce n'est la croix de Juillet. Mais il me fallut lutter contre l'homme à qui, à cause de sa trahison, j'avais juré de résister toute ma vie.

Sous cette royauté, qui s'intitula *bourgeoise* et qui insultait par cela même à la bourgeoisie, car c'était une royauté indigne même du nom de royauté, je luttai donc, mais franchement. Cet homme m'avait d'abord envoyé la croix d'honneur, je la refusai; ensuite une place au Collége de France, — comme plus tard celle de directeur du Muséum : — je refusai tout et toujours. Il avait même envoyé, à la naissance d'un de mes fils, une layette brodée par ses demoiselles et les demoiselles Montalivet. La mère de mes enfants dit au porteur de ce présent : « Prenez vite la porte, car si M. Raspail arrivait, il vous ferait passer par la fenêtre. »

Après de tels refus, il était impossible que ce roi ne me persécutât pas, et j'eus à subir des procès, procès de presse qui ne salissent personne, car aujourd'hui, au sortir d'ici, je ne me trouverai pas plus sali qu'auparavant. J'ai été poursuivi dans l'affaire des *Quinze*, dans celle des *Vingt-Sept :* le jury nous a tous acquittés, et j'espère bien, messieurs les jurés, que vous me ferez aujourd'hui la même faveur.

Mais bientôt j'abandonnai cette politique des sociétés secrètes, ou plutôt cette politique de mouchards. J'y renonçai à ce propos : J'étais président de la *Société des Amis du peuple*, et je subissais un emprisonnement de quinze mois à Versailles, — peine dont la Cour m'avait frappé pour une phrase de ma défense, laquelle défense m'avait cependant fait acquitter par le jury. — Godefroy Cavaignac (malédiction sur lui !) vint me dire : « Le général Lamarque est mort ; il faut en profiter pour faire une émeute. — Non, lui répondis-je ; quant à cela, vous n'obtiendrez rien de moi. » Il fit seul l'émeute. Des malheureux allèrent se faire tuer rue du Cloître-Saint-Merry, et, pendant qu'on se tuait là-bas, j'aperçus Godefroy Cavaignac se promenant tranquillement à Versailles sous mes fenêtres. Je l'apostrophai et je le fis monter. Je lui reprochai sa conduite, ajoutant : « Il faut au moins aller vous battre. » Il me répondit que oui. Il fit semblant de rejoindre les insurgés, mais il s'arrêta en route, et on le rencontra se promenant tranquillement encore sur les quais, comme s'il n'était pas l'auteur de cette odieuse et lugubre émeute.

J'ai eu, je l'ai dit, un certain nombre de procès, mais je les ai toujours gagnés devant le jury et souvent aussi devant la police correctionnelle ; et ces procès, — dont je m'honore, — je les ai toujours subis sous la royauté. Or, aujourd'hui, nous sommes en République !

La République ! c'est moi qui l'ai proclamée le 25 fevrier 1848. Il y avait là une vingtaine de mille hommes dévoués. Le gouvernement provisoire délibérait pour savoir si l'on instituerait la Régence. J'ai consulté mes hommes. Je les ai interrogés, ceux qui étaient en armes et ceux qui ne l'étaient pas. Je les ai consultés, parce que le suffrage universel est pour moi un principe. Je voulais connaître l'opinion publique. Tout pour la France et par la France : tel est mon principe. Je leur dis donc :

« Que voulez-vous ? Voulez-vous la Régence ? » Ils me dirent tous : « Non ! c'est la République. » Ils étaient unanimes. Pas une voix contre. Après que j'eus consulté ces vingt mille hommes, ils me dirent : « C'est vous qui maintenant représentez le mieux la France ; le gouvernement provisoire n'a été nommé que par une minorité infime du peuple. Mettez-vous à notre tête et proclamez la République. »

Je me mets à leur tête. Je monte au gouvernement provisoire. La porte était fermée. Il y avait encore les dames de la famille royale. Je leur donne le temps de s'en aller. Puis j'entends quelqu'un qui me parle (je crois que c'était d'Hautpoul). — « Qui êtes-vous ? me demanda-t-il. — Je répondis : Le peuple ! — Eh bien ! entrez, mais entrez seul. » Je ne pouvais pas entrer seul sans la permission du peuple. Je demandai cette permission au peuple, qui me la donna, et j'ajoutai que si je ne revenais pas, il pénétrât lui-même en me réclamant mort ou vif. J'entre alors. J'entre seul. Je demande : « Où est votre gouvernement provisoire ? » Je ne voyais personne. Je rencontrai enfin Marie, Marie le probe avocat : « Qu'allez-vous faire ? lui demandai-je. — Et vous, que voulez-vous, me dit-il. — Moi, je suis l'expression du peuple et le peuple veut la République. — La République! mais c'est ce que nous désirons. — Eh bien! repris-je, venez alors la proclamer! » Il ne voulut pas le faire. Il était occupé à sauver ces dames. Je le laisse accomplir cet acte de générosité, car jamais je n'ai été un homme de violence et de brutalité : j'ai toujours été un homme de paix et de douceur. C'est ensuite que je suis monté sur la table du gouvernement et que j'ai proclamé la République. J'ai dit : « Au nom du peuple français, je proclame la République une et indivisible (1). » Puis cela fait, je me suis retiré après avoir pris les précautions nécessaires, et j'ai été planter mes choux.

---

(1) Entre autres historiens, M. Léonard Gallois, dans son *Histoire de* 1848, publiée en 1851, parle ainsi de ce fait :

« Le citoyen Raspail, amené sur la place de Grève au moment où les plaintes commençaient à se traduire en mouvements de colère, se fit rendre compte des causes de cette agitation menaçante.

« Nous avons mis là des hommes pour nous assurer les « fruits de la victoire en proclamant la République, lui fut-il « répondu ; et ces hommes se font prier bien longtemps pour « accéder au vœu du peuple . ils semblent vouloir nous for- « cer à défaire aujourd'hui ce que nous avons fait hier. »

« Ne prenant conseil que de ses sentiments, Raspail se dirige aussitôt vers l'Hôtel de ville, où le suit une foule ar-

Comme d'autres, j'aurais pu acquérir des millions en manquant à ma conscience. Je ne l'ai pas voulu. Si je les eusse acquis ainsi, je me mépriserais aujourd'hui. Tandis qu'arrivé à quatre-vingts ans, je n'ai point à rougir et je ne me méprise pas.

Je me suis dévoué pour le peuple et je suis retourné à mes malades. Ils me réclamaient. J'en ai soigné beaucoup. J'ai soigné peut-être vos parents, messieurs les jurés, je vous ai peut-être soignés vous-mêmes, ou soigné vos enfants. J'ai compté jusqu'à cent soixante malades par jour à ma consultation de la rue Culture-Sainte-Catherine. Je leur prêtais mon ministère sans rien leur demander,

---

dente; les jeunes gens en armes qui gardent la maison commune veulent l'empêcher d'y pénétrer. « Le peuple est « ici chez lui, » s'écria le chef démocrate, et il franchit les marches, suivi de la foule qui criait · *Vive la République! Vive Raspail!* Mais, sur sa recommandation, sa formidable escorte s'arrête et attend dans les escaliers. Raspail entre seul dans la salle où siége le gouvernement provisoire : « Citoyens, leur dit-il, le peuple vous ordonne de proclamer « la République. Il ne veut pas attendre plus longtemps ; et « si dans deux heures il n'a pas été fait droit à sa demande, « il vous rend responsables des malheurs qu'un plus long re« tard peut entraîner. »

« Et l'orateur et son cortége se retirèrent, faisant retentir les voûtes du palais des cris de : *Vive la République une et indivisible!* »

sans m'inquiéter de savoir s'ils étaient riches ou pauvres. Je n'acceptais de salaire ni des uns, ni des autres. Quand un riche voulait à toute force me récompenser, je lui disais : « Allez à telle adresse, il y a un pauvre malade à soigner. Récompensez-moi en lui venant en aide. » Et s'il offrait de déposer entre mes mains une somme à ce destinée, je lui répondais encore : « Non, employez l'argent et allez vous-même. Vous apprendrez à connaître ce que souffrent les malheureux. »

J'ai fait à cette époque un journal. Mon seul objectif était de diriger toutes les classes dans les voies paisibles de la République. Ce journal était l'*Ami du Peuple*. J'invitais tout le monde, les plus puissants et les plus nobles, comme les plus humbles, à prendre le fusil de garde national, et beaucoup d'hommes distingués ont bien voulu répondre à mon appel.

M. l'avocat-général m'a reproché le 15 mai. Le gouvernement provisoire, non pas des 45, mais des 95 centimes, avait rendu la République odieuse aux travailleurs. Ses membres m'en voulaient beaucoup; c'est à leurs intrigues que j'ai dû d'être poursuivi sans avoir rien fait de mal. Le chef de la manifestation du 15 mai, ce n'était pas moi, c'était l'homme que vous savez. Le 15 mai, moi j'étais à la queue de la manifestation de la pétition, et encore n'étais-je allé là que pour faire acte de présence. Je voulais et je devais retourner à mes malades, auxquels j'avais donné rendez-vous; mais lorsque j'étais bien loin encore du palais, le bruit arrive jusqu'à nous que la tête de la manifestation était en proie à un bouleversemcnt révolutionnaire. On me crie autour de moi d'y aller; j'y consens. Je cours. Arrivé au pont de la Concorde, je vois un homme qui arrachait le fusil à un garde national; je le renverse, je rends le fusil au garde et j'arrive à la grille de l'Assemblée, où se trouve M. le général Courtais. M. Courtais me dit : « Mais entrez donc, la chambre est envahie, tout est bouleversé. — Je ne suis pas député, lui répondis-je, je ne peux pas entrer. — Entrez tout de même, vous nous servirez. » — J'entre. Je retrouve le même individu dont je viens de parler, en train avec d'autres de briser les glaces. Je m'adresse à un garde mobile et lui dis : « Mais vous voyez bien qu'on commet ici des flagrants délits? » Il me répond qu'il n'a pas d'ordres. Je vais chercher les questeurs. Ils venaient eux-mêmes à ma recherche pour rétablir l'ordre et prêter main-forte à la loi et à la convention. Je pénètre alors dans la salle. Sur l'invitation du président Buchez, je montai à la tribune pour y lire la pétition en faveur de la Pologne. Puis en redescendant je m'adressai aux envahisseurs : « Misérables coquins ! m'écriai-je, je vous connais, je vous dénoncerai si vous ne vous retirez pas immédiatement. » Ils se retirèrent. Mais j'étais assailli, pressé, respirant à peine, j'allai tomber évanoui dans les jardins. Je n'ai même pas assisté au départ des représentants qui désertaient la salle. Après avoir repris connaissance, je me vis entouré d'une foule d'individus qui me dirent : « Vous êtes nommé membre du gouvernement provisoire. » — Je leur dis : « Nommé par qui ? par vous ? vous plaisantez. Est-ce que jamais je me laisserais conduire par des canailles de votre espèce ? Vous venez de commencer une révolution qui perdra la République, et vous voulez que je vous donne la main ! » L'un d'eux me dit : « Nous avons bien conduit Barbès à l'Hôtel de ville. — Conduisez Barbès et les autres si cela leur plaît ; quant à moi, vous ne m'y conduirez pas »

Je m'en retournai chez moi, et le soir on vint m'arrêter comme étant l'auteur de cette tentative de révolution, qui en réalité était l'œuvre d'agents provocateurs.

Voilà, messieurs les jurés, quelle a été ma conduite au 15 mai.

Aux élections de septembre 1848, j'ai été élu représentant en même temps que Louis Bonaparte et Fould. Mais j'étais poursuivi et on voulait me sacrifier à tout prix. On m'impliqua donc dans le procès de Bourges, que M. l'avocat-général a rappelé pour déclarer que j'étais un grand coupable. Oui, j'ai été au procès de Bourges. J'ai pu ainsi ne pas assister aux journées de juin, à cette Saint-Barthélemy. Oui, je répète le mot, à la Saint-Barthélemy de juin. J'ai été condamné à Bourges. Savez-vous comment, messieurs les jurés? à une voix, à une seule voix de majorité ! Et cependant on avait assez travaillé le jury, jury exceptionnel émanant des conseils généraux. Lorsque ma condamnation fut prononcée, les avocats eux-mêmes versaient des larmes (1).

J'ai fait quatre ans de prison à Doullens. Durant cette détention, j'étais aimé de tous. Les soldats de garde voulaient tous me faire échapper. Sur toutes les guérites on voyait écrits ces mots : « Vive Ras-

(1) « *Il est plus beau d'être condamné que de condamner,* » leur dit alors M. Raspail, en leur serrant les mains.

pail! » Quand des officiers arrivaient, ils battaient les tables de leur canne en disant : « Quoi, il est encore ici, nous ne voulons pas le garder. » Ce fut (se tournant vers le ministère public), ce fut votre auguste empereur qui fut obligé de me mettre à la porte. Il me fit sortir deux ans avant l'expiration de ma peine, en commuant le reste de cette peine en bannissement. J'allai me réfugier à Bruxelles.

J'ai fait là dix ans d'exil. Ce sont mes plus belles années. Tout le monde me recherchait et m'honorait. Les ministres, les grands personnages venaient, comme les pauvres, se faire soigner chez moi.

Je rentrai en France trois ans après l'amnistie. Depuis, je n'ai plus fait de politique dans mes livres.

On peut traduire Aristote impunément, et je ne vois pas que M. l'avocat-général puisse me dire qu'on a le droit d'incriminer quelqu'un pour avoir traduit un auteur païen.

Voilà en partie ma vie, messieurs ; s'il s'y trouve un fait qui soit contraire à ce que je vous ai dit, qu'on me le cite et je le reconnaîtrai à ma honte.

Messieurs les jurés, on a voulu vous pousser contre moi, par un côté que j'appellerai le côté fanatique. M. l'avocat-général n'a pas fait de moi un portrait ressemblant. Je ne demande compte à personne de sa religion. Je veux que chaque père de famille puisse apprendre à ses enfants la religion qu'il professe sans troubler en rien celle des autres. — Voilà mon principe. — Ma religion, je vais vous l'expliquer et je crois que je vous la ferai partager. Je ne blâme que les religions fanatiques qui veulent s'imposer par la violence, par les armes, par le crime, car c'est une religion criminelle que celle qui s'impose aux consciences par la force et qui oublie (montrant le Christ appendu à la muraille) que celui-là est mort sur une croix. M. l'avocat-général s'est moqué des points renversés de mes *Éphémérides*. Eh bien ! pour la mort de celui-là, oh ! oui, je mettrai encore mes trois points d'exclamation renversés !

J'ai dit que j'étais religieux, mais non pas comme certaines gens. Je ne suis ni fanatique, ni jésuite, et pour certaines gens, si vous n'êtes pas fanatique ou jésuite, vous êtes condamné à mort. Je vais vous dire ma religion.

M. le président. — M. Raspail, vous apportez trop d'ardeur à votre affaire. Vous n'avez jusqu'à présent répondu à aucune des accusations portées par M. l'avocat-général. J'entends laisser à votre défense toute la latitude qui peut lui être utile; mais consultez vous-même le défenseur de votre fils, il vous dira que vous vous égarez dans des détails en dehors de l'accusation.

M. Raspail. — M. l'avocat-général m'a attaqué et a attaqué ma vie. Je désire lui répondre.

M. le président. — Reprenez la parole; mais je vous devais cet avertissement dans votre intérêt même. Continuez à présent votre défense, mais, encore une fois, tâchez de répondre surtout à la prévention.

M. Raspail. — Je continue.

M. l'avocat-général vous a dit que j'étais libre-penseur. Oui, je le suis ; je permets aux autres de ne pas l'être, mais je dois ne cacher à personne ma religion. Je suis libre-penseur et j'admire tous ceux qui, en face de la mort, la considèrent sans crainte et la reçoivent franchement devant leur conscience et devant Dieu. Je crois à un Dieu ; mais quel est-il? Je l'ignore. Que quelqu'un vienne me le définir, il m'obligera, car je ne vois pas les moyens de le connaître.

Je suis donc libre-penseur, et j'honore tous les libres-penseurs ; je l'ai fait au sujet de La Condamine, qui est mort libre-penseur, comme vous l'a dit M. l'avocat-général. Mais je laisse tout le monde libre de penser autrement que moi. Causons religion si vous le voulez et ne nous querellons pas. Vous avez une religion qui peut me paraître absurde, — je ne vous le dirai pas si vous ne m'interrogez pas, — je vous le dirai si vous m'interrogez.

Quelle est donc la religion qui me dirige? C'est une religion de savant.

Nul n'a été plus que moi à même d'observer la religion catholique, puisque je l'ai professée. Mais, après l'avoir professée, ma raison s'est soulevée, et alors je me suis dit : Est-ce bien là la véritable religion? Je fus forcé de me répondre : Non. — J'ai cherché, j'ai fouillé ; j'ai consulté les Évangiles, qui datent de deux cents ans après Jésus-Christ ; — j'ai consulté Spinosa, j'ai consulté les Pères sur l'existence de Dieu ; mais tous les raisonnements m'échappaient. J'étais pourtant très-fort, car, à dix-neuf ans, je remportai le prix de théologie. Vous voyez donc que ce n'est pas par ignorance que j'ai abandonné la religion catholique. Je déclarai alors à mon évêque que j'avais cessé de croire à la religion. Il me dit : « Mon ami, alors il faut te retirer. » Et je me retirai. J'ai agi en honnête homme. Soixante ans se sont écoulés depuis. J'ai continué à étudier cette religion, mais je n'ai jamais pu la réembrasser.

Entre [illegible]u et nous, qu'y a-t-il donc? Il y a cette nature, cette belle nature, si grande, si variée, qui nous revient à chaque saison avec le même soleil, et dans laquelle tout se crée par la lumière de ce soleil, qui lui-même émane d'autres créations. Enthousiaste de cette nature, je l'ai étudiée sous tous ses aspects ; je l'ai étudiée, cristallisée, c'est-à-dire au repos, végétale et animale, c'est-à-dire en mouvement.

Quel est le devoir de l'homme? Ce devoir, messieurs, a été gravé par Dieu au fond de nos cœurs : C'est l'Humanité ! Être humain envers ses frères, être bon envers tous, avoir pour les faibles le même respect que pour l'œuvre de Dieu. Prêcher cette doctrine, par sa conduite, par ses actions, ne chercher querelle à personne, n'être l'ennemi de personne. Les religions peuvent engendrer des guerres civiles. Plus de guerres entre les peuples, plus de guerres civiles entre les citoyens ! Honte à ces sortes de moines infâmes qui veulent les imposer !

La libre-pensée ne moleste personne : Elle a pour elle la conscience, et je puis la professer comme toute autre religion.

Je viens, messieurs, de vous exposer mes doctrines, elles sont mon honneur et ma gloire, car elles sont l'expression de ma conscience, qui vibrera toujours en faveur de l'Humanité ! M. l'avocat-général vous a cité des passages de mon petit livre, qui semblent contraires à ces principes de toute ma vie. Mon défenseur fera justice de ces accusations.

Quant à moi, messieurs les jurés, vous allez me juger, j'ai confiance en vous. A quatre-vingts ans, croyez-le, on ne devient pas coupable : mon âge n'est pas l'âge du crime et je n'ai pas voulu commettre de crime en publiant mon ouvrage. Quand on est près de sa fin, on ne ment pas, et je vous ai, comme toujours, parlé franchement. Vous me respecterez. Non-seulement vous m'acquitterez, mais aussi mon fils, mais aussi M. Dupont, l'imprimeur. Vous ne condamnerez pas mon fils, car vous êtes des pères de famille, et vous ne condamnerez pas l'imprimeur, car vous êtes des travailleurs, des artistes et des commerçants. Ce jeune homme est le fils de M. Dupont, mon ancien collègue à la Chambre des députés ; croyez bien que son travail ne lui laisse pas le temps d'aller fouiller dans nos manuscrits, dans nos grimoires, pour y chercher si tel ou tel article n'offense pas la loi. Ne cherchez pas, messieurs, à frapper en notre personne et à rendre impossible cet art admirable créé par Guttemberg, et qui a ouvert à la pensée de si larges développements et de si vastes horizons.

M. Raspail se rassied au milieu d'un murmure sympathique, s'adressant et à l'homme de bien et à l'orateur qui, sous la neige des ans, vient de retrouver des mouvements et des accents empreints d'une véritable éloquence.

M. le président. — La parole est au défenseur de Raspail fils.

PLAIDOIRIE DE Me FOREST

Puisque, en matière de presse, c'est au jury que le législateur a confié la mission délicate de déterminer le point précis où la liberté finit et où l'excès commence, c'est à vous, messieurs, de décider si M. Raspail est resté dans les limites de son droit d'écrivain, ou si, comme le soutient l'accusation, il est coupable d'apologie de faits qualifiés crimes par la loi, délit prévu par l'art. 3 de la loi du 27 juillet

1849. Vous avez entendu le réquisitoire ; suivant M. l'avocat-général, il n'y a plus de problèmes historiques, même pour les faits contemporains. Vous avez écouté avec la même attention les observations qui vous ont été présentées par M. Raspail sur l'ensemble du procès ; je viens, à mon tour, compléter la défense de MM. Raspail en abordant les détails de l'accusation.

Au debut de ses requisitions, le ministère public a cru devoir vous expliquer la portée et les motifs de la loi sur la presse ; il vous a dit aussi la situation qu'elle faisait à chacun des accusés. Vous vous rappelez que l'accusé principal est M. Raspail fils, parce que c'est lui qui a fait les démarches nécessaires pour la publication, parce qu'il est l'éditeur. M. Raspail père, l'auteur de l'écrit incriminé, n'est que le complice de son fils.

En présence de ces deux accusés, je ne veux pas, je ne peux pas séparer la défense du fils de la défense du père, et en cela je ne fais que suivre la volonté de M. Raspail fils. Vous avez entendu de la bouche du ministère public les paroles de M. Raspail fils à l'instruction. Il faut que ces paroles soient mises textuellement sous vos yeux. Voici, en effet, sa réponse au juge qui l'interrogeait :

« J'ai édité cet ouvrage; c'est mon père qui en est l'auteur; j'en ai pris connaissance avant de l'éditer, et je n'ai pas pensé qu'il tombât sous le coup de la loi; le seul nom de mon père, et le fait qu'il était l'auteur de l'almanach étaient de nature à me convaincre que j'avais le droit de faire ce que j'ai fait. »

Devant cette ferme attitude, le ministère public n'a pas pu s'empêcher de vous signaler l'intérêt particulier qui s'attachait à M. Raspail fils à côté de son père. Comme je vous le disais tout à l'heure, la défense de l'un sera la défense de l'autre, c'est la volonté de M. Raspail fils.

Je ne me dissimule pas la gravité de l'accusation; mais, permettez-moi de vous dire qu'elle s'est bien amoindrie depuis le commencement des poursuites; en effet, il ne s'agissait pas seulement d'une accusation d'apologie de faits qualifiés crimes ou délits par la loi, mais encore d'excitation à la haine et au mépris des citoyens les uns contre les autres. Et, de plus, tous les articles du livre étaient incriminés. Cette accusation en masse était-elle fondée? Pouvait-elle se soutenir? Non, car une ordonnance de renvoi a retenu seulement six des éphémérides et a écarté le délit d'excitation à la haine et au mépris des citoyens les uns contre les autres. Ce n'est donc pas sans étonnement que j'ai entendu l'organe du ministère public revenir sur toutes ces accusations abandonnées et vous dire que les nombreuses citations qu'il vous a faites n'avaient pour but que de vous faire connaître le style à l'usage de M. Raspail père.

Prétexte spécieux !

Je ne suivrai pas le ministère public sur ce terrain ; je m'attaque à l'accusation, je n'ai pas à m'occuper de ce qui n'est pas incriminé, pas plus que vous, messieurs, vous n'avez à connaître des faits qui ne vous ont pas été déférés par l'arrêt de renvoi.

On a bien compris qu'avec des lambeaux d'un opuscule, — c'est le terme dont on s'est servi, — on ne pouvait pas faire condamner un auteur ; qu'il fallait, pour asseoir un jugement, pour motiver un verdict, d'autres pièces, d'autres faits, d'autres considérations ; on a bien compris qu'il fallait vous faire connaître le caractère de l'ouvrage et la personne de l'auteur. Comment vous a-t-on exposé les faits? Comment le livre a-t-il été expliqué ? Comment la personne de l'auteur vous a-t-elle été présentée? Sous un jour qui n'appartient ni à l'ouvrage ni à l'auteur : je vais avoir l'honneur de vous le démontrer.

Je veux m'occuper d'abord de la personne de M. Raspail père. Je serai bref, car vous l'avez entendu dans des explications qui, j'en suis convaincu, ont eu leur portée dans vos esprits. Mais enfin, il y a des choses qu'un homme ne peut pas dire en parlant de lui, et ces choses il faut que vous les connaissiez.

L'accusation vous a dit que M. Raspail était une des grandes notoriétés politiques de ce temps ; j'ajoute qu'il n'y a pas seulement dans M. Raspail l'homme politique, qu'il y a encore le savant. Pour ceux qui le connaissent, il est sans doute un des personnages de notre siècle qui laissera de son passage l'empreinte la plus profonde.

M. Raspail, comme savant, s'est occupé de chimie, de physique, de médecine et enfin d'astronomie. Je ne veux pas vous faire l'énumération de tous ses travaux, cette énumération serait trop longue, mais laissez-moi vous parler d'un de ses principaux titres de gloire. En 1838, M. Raspail a publié un livre intitulé : « *Nouveau Système de chimie organique à l'usage des manufacturiers et des gens du monde.* » Sous ce titre, apparaissait la création d'une science nouvelle. Cet ouvrage produisit une révolution complète dans les arts et dans l'industrie. La lutte fut vive avec les savants de l'École. L'étonnement fut tel, que tout, dans ce livre, était regardé comme des utopies. Après une lutte qui n'a pas duré moins de dix ans, et qui a laissé dans son retentissement les noms d'Orfila et de Dumas au-dessous de celui de Raspail, ces utopies ont été placées comme des axiomes dans tous les ouvrages de chimie, et le nom de Raspail est demeuré comme le nom du premier chimiste de l'époque.

Voilà, messieurs, ce que j'avais à vous dire du chimiste; voulez-vous que je vous dise un mot, non du médecin, mais de celui qui a fait des travaux considérables en médecine.

La médecine de M. Raspail consiste surtout à prévenir les maladies, et à se soigner soi-même dans la plupart des cas sans le secours du médecin. Comme il a toujours eu en vue la classe la plus nombreuse et le soulagement qu'on pouvait apporter à ses souffrances, une de ses préoccupations constantes a été la médecine à peu de frais.

M. Raspail n'a pas seulement combattu les causes physiques de nos maladies; il a fait mieux, il en a recherché les causes morales. Et dans les conseils aux malades que vous avez pu lire dans ses livres, il a fait non-seulement un cours de médecine, mais un cours de morale, qui a exercé sur les masses l'influence la plus salutaire.

Voilà ce que j'avais à dire du médecin, du chimiste, du savant. Permettez-moi maintenant un mot sur l'homme politique. L'homme politique a été cruellement, injustement apprécié par le ministère public. On vous a dit que la vie politique de M. Raspail avait été une vie d'aventures ; qu'on l'avait rencontré dans tous les complots, et que cet homme avait été constamment en lutte contre tous les pouvoirs, parce que c'étaient des pouvoirs. Messieurs, ses ennemis les plus acharnés n'ont pas autrement parlé de lui, mais ils n'étaient pas la justice, et on peut comprendre chez eux les passions aveugles. M. Raspail n'a eu qu'un but dans sa carrière politique : l'intérêt général et le triomphe des idées qu'il croyait utiles au bonheur de l'humanité. Il n'a jamais appartenu, je ne dirai pas à aucune coterie, mais à aucun parti. « Tout pour la France et rien que par la France, vous disait-il tout à l'heure. » Eh bien ! messieurs, examinez sa vie tout entière, et vous verrez qu'il n'a pas menti à sa devise. Aussi a-t-il été calomnié par tous les partis et par toutes les coteries. Homme de conciliation, partisan des moyens légaux et pacifiques, on l'a présenté comme un homme de désordre ; on a fait plus : on a voulu le faire passer pour un homme de sang et de carnage ; mais toutes ces allégations effrontées et mensongères n'ont fait que tourner à la honte et à la confusion de leurs auteurs. Pour en finir avec ces accusations aussi odieuses que ridicules, permettez-moi de mettre sous vos yeux le miroir exact de ses opinions et de sa conduite politique. Voici un livre qui est publié depuis bien des années. Il s'appelle *le Manuel annuaire de la Santé.* Je vous ai dit que dans ce Manuel il ne donne pas seulement des conseils pour la guerison des maladies, mais qu'il s'adresse à l'esprit et au cœur de ses lecteurs pour en faire des hommes honnêtes et de bons citoyens.

Écoutez comment il parle à la classe la plus nombreuse, celle pour laquelle il a surtout écrit :

« Soyez économes et jamais avares. Évitez les que-
« relles et les procès. Évitez surtout les partis et les
« coteries. Dès que les citoyens ont le malheur de se
« diviser, les partis se forment pour exploiter le
« pays au profit de quelques-uns, et les coteries pour
« exploiter les partis au profit des plus habiles. Alors
« le bien général, c'est le pretexte : mais le but ca-
« ché, c'est la curee des places, honneurs, digni-
« tés, panaches, décorations, reputations : c'est la
« grande mascarade où les intrigants cherchent à

« jouer un rôle pour cacher leur nullité sous un « drapeau, leurs vices sous une dignité, puis se « donnent les airs de Bayard, à force de traîner un « grand sabre et de brandir de la tête un long plu- « met; et où les âmes candides, boucs émissaires « de cette perversité organisée, vont expier, dans les « prisons et les bagnes, le crime de leur noble cou- « rage et de leurs vœux en faveur de l'humanité. « N'embrassez jamais la cause d'un homme, mais « toujours celle de l'humanité, l'humanité, œuvre « de Dieu et non des hommes : que ses dangers ré- « veillent votre devouement, ses douleurs vos sym- « pathies, ses triomphes votre joie, ses vertus votre « émulation, ses écarts votre deuil!

« Nè cessons d'émettre le vœu que la force bru- « tale soit bannie de nos habitudes sociales, et « qu'elle ne soit plus appelée à décider, en premier « ou dernier ressort, des différends qui s'élèvent, « soit entre les citoyens d'un même pays, soit entre « les divers peuples de la terre. Que tout se décide « entre les citoyens et entre les peuples par l'arbi- « trage et par les voies pacifiques. L'emploi de la « force brutale n'est excusable que pour se défen- « dre; le coupable est celui qui l'emploie pour atta- « quer. Desormais pas plus de duels entre les peu- « ples qu'entre les hommes. . . . .
« . . . .

« Ne cherchez pas à imposer vos croyances; ins- « pirez-les par la persuasion ; ne faites un crime à « personne de ce qu'il croit autrement que vous. « Soumettons nos différends aux lumières de la dis-

« cussion et non aux chances de la force brutale ; « frapper pour convaincre, c'est un double assas- « sinat.

« Ne confondez pas le sentiment religieux avec « la religion, ni la croyance avec la moralité. Le « SENTIMENT RELIGIEUX, c'est la conscience intime « de nos rapports avec un Être suprême, auteur de « tout ce qui existe, qui préside à nos déstinées, que « tout révèle autour de nous et que nul de nous ne « saurait comprendre et définir; la MORALITÉ est « la conscience intime de nos rapports avec nos « semblables, conscience de ce que nous devons en « attendre et de ce qu'ils doivent attendre de nous. « Le sentiment religieux et la moralité sont iden- « tiquement les mêmes chez tous les peuples; les « peuples savent tous qu'issus du même père, les « hommes sont frères, quelque habit qu'ils por- « tent, quelque langue qu'ils parlent et de quelque « pays qu'ils soient. . . . .

« . . . .

« La vraie religion se réduit à fort peu de for- « mules : il est un Dieu à qui nous rapportons « tout ce que nous voyons et tout ce qui nous ar- « rive ; lui demander quelque chose, c'est faire in- « sulte à son immutabilité ; le craindre, c'est faire « insulte à son inépuisable bonte ; lui prêter des « idées de vengeance, c'est le faire descendre jus- « qu'à nous, en lui supposant nos traits, nos travers « et nos vices.

« Le plus beau culte que nous puissions lui ren- « dre, c'est de travailler de plus en plus, et à le

« comprendre en étudiant ses œuvres dans la na-
« ture qui nous enveloppe, et à l'imiter en nous
« montrant bons sans être dupes. »

Est-ce là le langage d'un homme de désordre, et pouvait-on trouver de meilleures paroles pour ramener les hommes à ce qui est leurs véritables devoirs dans la société ? Évidemment non.

Après ces explications nécessaires pour rétablir la vraie physionomie des débats, je vais discuter l'accusation qui pèse sur MM. Raspail pour prétendue apologie de faits qualifiés crimes et délits par la loi. Cette apologie existe-t-elle ?

C'est vous qui allez décider la question. Mais, en cette matière, le meilleur de tous les juges, n'est-ce pas le bon sens public? Parce qu'il est immuable, toujours le même, qu'il n'est sujet à aucune variation ; tandis que la politique, à laquelle touchent les procès de presse, étant de sa nature essentiellement variable, il peut arriver que ce qui était innocent en 1873 soit coupable en 1874. Chose regrettable qui peut jeter le désordre dans tous les esprits. Eh bien ! le procès qui vous est en ce moment soumis est lui-même une preuve de ces variations déplorables. En effet, quant aux éphémérides, quoi qu'en ait dit l'organe du ministère public, l'almanach de 1870 ressemble à celui de 1872, celui de 1872 à ceux qui ont été publiés depuis, sans autres différences que l'adjonction des faits qui se sont accomplis dans les années qui ont suivi. Du reste, ces almanachs passeront sous vos yeux.

En 1872, M. Thiers est président de la République, son vice-président du conseil est M. Dufaure. A la fin de 1872, on publie l'almanach de 1873. Cet almanach contient tous les faits incriminés en 1874, sauf un seul, que je vous indiquerai tout à l'heure. Cependant l'almanach de 1873 avait été examiné avec soin, car le ministère public était aussi vigilant qu'aujourd'hui, je pourrais même ajouter qu'il n'a pas changé, qu'il est le même; et néanmoins, en 1872 et en 1873, on n'a rien trouvé à reprendre à l'almanach.

En 1873, le gouvernement du 24 mai succède au gouvernement de M. Thiers; M. de Broglie remplace M. Dufaure; l'almanach continue à jouir de la même immunité, et si ses auteurs avaient eu des soupçons, ces soupçons allaient être dissipés. En effet, si cet almanach était aussi dangereux qu'on veut le dire, s'il faisait courir à la chose publique les dangers qu'on vous a signalés, nos gouvernants de 1872 et de 1873 auraient été assez vigilants pour l'arrêter et empêcher sa publication. Eh bien ! messieurs, il n'en fut rien, et pendant tout le courant de 1873, avec le nouveau pouvoir, l'almanach continue à circuler librement comme auparavant. L'année 1874 approche, l'almanach de 1873 va tomber dans l'éternité avec l'année dont il porte le millésime; il faut publier l'almanach de 1874. Cet almanach, comme je vous le disais, est la reproduction textuelle, à un fait près, de l'almanach de 1873. Mais la politique subit des variations d'autant plus nombreuses que les opinions des membres de l'Assemblée nationale sont plus divisées. C'est à la suite d'une de ces variations qu'ont été publiées des lettres pastorales des évêques de Nîmes et de Périgueux. Vous n'avez pas oublié l'émotion qu'elles ont causée dans le pays ; un moment elles ont failli compromettre la paix, dont on a tant besoin. C'est à cette même variation de la politique que l'almanach de M. Raspail doit d'avoir été saisi ; innocent en 1872 et en 1873, est-il coupable en 1874? J'affirme qu'il n'est pas coupable, sinon la criminalité ne serait pas dans le livre lui-même, mais dans les circonstances politiques qui l'entourent, ce qui serait une monstruosité. Et dans ce cas, vous n'oublierez pas, messieurs, que vous êtes la justice, que les bruits du dehors ne doivent pas arriver jusqu'à vous, et que, étrangers à toutes les passions politiques, vous devez avec impartialité examiner les faits incriminés et dire s'ils constituent véritablement un délit.

C'est à la date du 29 décembre 1873 qu'un commissaire de police procède à la saisie de l'almanach chez l'imprimeur, chez le brocheur et chez l'éditeur. En même temps on pratiquait chez les libraires de Paris six autres saisies. Le danger était si grand, le péril social si imminent que, le même jour, M. le procureur-général envoyait des ordres en province, dans les départements de la Haute-Marne, de la Côte-d'Or, de Saône-et-Loire, pour faire saisir dans les villes, dans les villages, non-seulement chez les libraires, mais chez les épiciers et les marchands de tabac, les almanachs du citoyen F.-V. Raspail.

Voulez-vous savoir quel a été le premier résultat de cette campagne? Une lettre du procureur de la République de Dijon au parquet de Paris, à propos de l'envoi des pièces, va vous l'apprendre : « Les « recherches opérées dans notre arrondissement ont « été pour la plupart infructueuses; il en est résulté « qu'un sieur R..., libraire à Dijon, a reçu et écoulé

« avant les poursuites trois exemplaires et un autre « deux exemplaires. »

En tout cinq exemplaires ; c'est donc avec raison que le procureur de la République de Dijon signale que le résultat a été infructueux.

On a multiplié les tentatives de saisies dans les chefs-lieux d'arrondissement et dans les moindres localités, partout le résultat a été le même. Le juge de paix du Creuzot, dans le departement de Saône-et-Loire, assisté du commissaire de police, a fouillé chez les six libraires de cette ville, et n'a trouvé en tout qu'un seul exemplaire chez madame veuve Martin, qui a fait au commissaire de police une déclaration qu'il s'est empressé de transmettre au procureur de la République dans la lettre suivante : « Je « crois devoir vous faire connaître que la veuve Mar-« tin m'a déclaré que, depuis que le *Petit Moniteur* « avait annoncé la saisie de cet almanach, il lui en « a été demandé plus de cent exemplaires, — signe « des temps et de l'esprit des ouvriers en général. » Ce n'est ni un signe des temps, ni un signe de l'esprit des ouvriers, c'est la pomme d'Ève, c'est l'histoire éternelle du fruit defendu. L'almanach était libre, il circulait sans éveiller autrement l'attention ; il est saisi, tout le monde veut le lire, et, je l'affirme, la morale et l'honnêteté publiques n'avaient qu'à y gagner.

J'arrive, messieurs, à l'examen de chacun des chefs d'accusation.

Je vous ai dit que je ne voulais pas suivre M. l'avocat-général dans la lecture qu'il a cru devoir vous faire ; je n'ai pas à répondre à ce qui n'est pas incriminé ; vous n'avez pas à juger ce qui ne vous est pas soumis. Par consequent, dans l'examen que je vais faire de cet ouvrage, dans les éphémérides que je vais remettre sous vos yeux, vous ne rencontrerez que celles dans lesquelles l'accusation a trouvé le delit d'apologie de faits qualifiés crimes ou délits par la loi.

Voici la première de ces éphémérides. Je vous demande la permission de la remettre sous vos yeux et de chercher, moi aussi, son commentaire, non pas dans les faits éloignés, non pas dans les faits historiques, que chacun regarde comme certains quand il les apprécie à son point de vue, mais dans le livre lui-même et avec l'incertitude qui règne toujours sur les faits contemporains.

22 *Janvier*. — « Voyage de Jules Favre, Thiers et autres pour la plus honteuse des capitulations, qui est signée le 28, 1871¡¡¡ — La population de Paris, indi-

gnée contre la trahison de Trochu, accourt à l'Hôtel de ville, et là les Bretons de Trochu, cachés dans les caves, se mettent à faire feu ; de leur côté, une vingtaine d'agents cachés dans un café ripostent, commandés par un agent bien connu d'émeutes ridicules ; aucun de ces agents n'est atteint ; seulement une centaine de passants surpris par la fusillade, femmes, enfants et vieillards, tombent foudroyés, 1871 ¡¡¡ »

Je cherche d'abord l'apologie d'un fait quelconque, je ne la trouve pas ; c'est une énonciation pure et simple sans aucune appréciation. Si vous dites que les faits énoncés sont des faits faux, je répondrai : Je suis un historien ; en cherchant la vérité, je suis en face de ma conscience et ce n'est qu'avec elle que j'ai à compter.

Vous qui m'accusez et qui ne doutez de rien quand vous êtes devant le jury, où prenez-vous vos preuves ? Je déclare erronées en tous points vos affirmations sur la journée du 22 janvier ; qui pourra nous départager ? L'histoire ! mais celle qui ne sera écrite que dans les siècles à venir ; celle qui sera dégagée de toutes les circonstances présentes, qui obscurcissent toujours quand elles ne falsifient pas et n'altèrent pas complétement la vérité.

Mais enfin, pour déterminer la portée vraie de cette éphéméride, pour absoudre ou pour punir, est-ce que vous ne devez pas vous reporter au milieu des circonstances où se sont accomplis les faits qu'elle rapporte? Je me rappelle ces circonstances, moi qui recherche la vérité avec autant de passion que M. l'avocat-général; eh bien! je crois être avec lui en complet désaccord, et ma bonne foi, pas plus que la sienne, ne peut être suspectée, pas plus que celle de M. Raspail.

Quelles sont donc ces circonstances? La population de Paris était au lendemain du combat de Montretout et de Buzenval. Vous savez ce qu'on a dit de cette journée néfaste, de ce combat qui nous a coûté tant de sang, le plus pur de notre sang! Dans l'esprit de ses auteurs, est-ce que ce combat pouvait avoir un résultat favorable à la délivrance? Personne ne l'a pensé. Aussi, après cette lutte de toute la journée, suivie de la retraite accoutumée; après les fautes, les négligences, — pour ne pas dire plus, — contre lesquelles toute la presse s'est élevée; lorsque le lendemain, le 20 janvier, on recevait cette dépêche du gouverneur de Paris dans laquelle on ne parle que de blessés, que de brancardiers, de morts, d'enterrements, cette dépêche funeste qui n'avait qu'un but, tuer le patriotisme dans le cœur des combattants, de ceux qui voulaient encore lutter pour la défense et la délivrance de la patrie, on entendait circuler de toutes parts le bruit désespérant de la capitulation ; aussitôt la population de Paris, dont la conduite fut héroïque pendant le siége et qui croyait avoir encore tous les moyens d'une résistance efficace, descend en foule sur la place de l'Hôtel-de-Ville. On vous a dit : « Mais sur la place de l'Hôtel-de-Ville, il n'y avait que des fédérés, des membres du Comité central qui voulaient faire une révolution. » Non, cette assertion est démentie par tous les faits, et, en attendant que la vérité se fasse jour, les esprits les plus sages ont attribué la journée du 22 janvier à un malentendu. Cela posé, que reproche-t-on à M. Raspail? D'avoir dit que les Parisiens, indignés contre la trahison de Trochu, étaient descendus sur la place de l'Hôtel-de-Ville. Où est le mal? M. l'avocat-général, en parlant de l'ancien gouverneur de Paris, a déclaré qu'il ne voulait pas faire de politique; mais dans ces sortes d'affaires, on en fait malgré sa volonté. Est-ce que c'est de la plume de M. Raspail qu'est sorti pour la première fois le mot de trahison en parlant du général Trochu? Le jury n'a-t-il pas eu à juger cette question dans un procès en diffamation intenté par le général Trochu au journal *le Figaro?* Vos devanciers ont acquitté le journal sur le fait de diffamation, c'est-à-dire sur l'accusation de trahison. On s'est indigné de la violence de cette éphéméride, de ces quatre lignes; on a donc oublié l'article du *Figaro!* Permettez-moi de le remettre en partie sous vos yeux ; il vous apprendra l'étendue des droits de l'historien, et vous en prendrez acte pour votre verdict.

« Le 19 janvier 1872! Anniversaire d'un jour de deuil, où le sang le plus pur coula dans une entreprise ténébreuse, que la conscience publique a flétrie du nom d'assassinat! Au moment où les régiments de marche de la garde nationale furent lancés à travers le brouillard contre les batteries prussiennes, le gouvernement de la soi-disant défense nationale était déjà résolu à capituler. Une seule chose troublait ces âmes de sycophantes : ils craignaient l'indignation de la population parisienne et ses suites possibles quant à la sûreté de leurs précieuses personnes. Ils s'attendaient à être écharpés. « Le gouverneur de Paris ne capitulera pas, » avait dit le général Trochu dans une proclamation solennelle. Et cependant il savait qu'avant dix jours il aurait rendu la ville, les forts, les fusils, les canons de l'armée, payé 200 millions de contributions de guerre et signé, avec les préliminaires de la paix, l'abandon implicite de l'Alsace et de la Lorraine.

« Contre toute attente, le farouche bombardement, qui dévastait la rive gauche, n'avait pas ébranlé le courage des Parisiens. L'expédition de Buzenval fut résolue. C'était l'élite de la jeunesse qu'on envoyait au feu. Les résultats étaient prévus ; le lendemain du désastre, la garde nationale et la population viendraient supplier le gouvernement de mettre fin à une boucherie inutile, et le gouvernement déférerait, non sans résistance, aux vœux de la population.

« Vains calculs, crime sans résultat ! La consternation fut grande, il est vrai. . . . .

. . . .

On lisait avec plus d'étonnement que d'épouvante les dépêches en style macabre, où le gouverneur cherchait à méduser la population, en ne lui parlant que de blessés, de brancardiers, de morts et d'enterrements. Rien n'y fit : les Parisiens demeurèrent stoïques ; ce que voyant, le gouverneur et le gouvernement prirent leur parti et se dirent : « Eh bien ! « nous capitulerons tout de même ! »

« Le gouverneur de Paris, qui avait juré de ne pas capituler, donna simplement sa démission, et ne coucha dans son linceul que son honneur militaire. Nos pauvres morts du 19 janvier en furent pour leurs frais.

« Je me rendais hier à Versailles par le train de midi. Des députés, des journalistes se mêlaient dans la gare au commun des voyageurs. Au milieu d'un groupe pérorait, en gesticulant, un homme de petite taille, à la tête osseuse et ronde, aux moustaches noires, cirées avec soin et ondulées en queue de rat, comme celles de Scaramouche. Œil vif, brillant, la voix animée, joyeuse ; un air de contentement répandu sur toute la personne et circulant jusqu'au bout des doigts de la main gauche, qui battaient gaiement la mesure sur un portefeuille de chagrin noir.

« Je reconnus à l'instant même le personnage que j'avais vu de près à Londres, dans le musée de cire de madame Tussaud, entre Dumolard et Troppmann.

« C'était M. le général Trochu.

« Voilà donc, pensai-je, où nous en sommes ! En ce pays, on peut arriver au pouvoir par l'intrigue, la trahison... »

L'auteur de cet article laisse loin derrière lui M. Raspail et son éphéméride ; il accuse à plusieurs reprises le général Trochu de trahison, et il a eu un verdict d'acquittement ; la condamnation pour injure n'est intervenue que pour avoir raconté qu'à Londres il avait vu le général Trochu entre Dumolard et Troppmann.

Donc, pour les appréciations historiques, l'article du *Figaro* n'a pas été condamné, et alors comment condamneriez-vous l'éphéméride du 22 janvier ?

M. Raspail a ajouté, et c'est le grand grief du ministère public, que les mobiles bretons avaient fait feu, et qu'une vingtaine d'agents cachés dans un café avaient riposté. On vous a fait l'éloge des mobiles bretons, je ne veux rien enlever à leur gloire ; à côté d'eux, il y avait les mobiles de plusieurs autres provinces et les mobiles de Paris, mais le gouverneur de Paris était un Breton ; tous ceux qui ont assisté au siége de Paris, ont su, avant même la fin du siége, la vérité sur les mobiles bretons. On a eu le tort de leur élever un piédestal aux dépens de ceux qui se sont battus avec courage et patriotisme. Est-il vrai que les mobiles bretons aient tiré sur la place de l'Hôtel-de-Ville ? Évidemment oui ! C'est le cri de tout le monde ; ce n'est contesté par personne. Est-ce que M. Raspail est le premier qui en ait parlé ? Est-ce que, dans un ouvrage imprimé dès le mois de février 1871, on n'avait pas déjà dit que le massacre de la place de l'Hôtel-de-Ville était la conséquence du combat de Buzenval et de la capitulation qui se préparait ? Voici un ouvrage publié à Caen, écoutez ce qu'il dit :

« Seulement, cette fois, il y avait des circonstances aggravantes. Les fautes étaient tellement grossières, que le dernier soldat y vit la preuve évidente d'un échec calculé avec la volonté formelle de ne pas vaincre. »

M. Raspail n'a rien écrit de plus. Je lis un autre

passage du même ouvrage sur la journée du 22 janvier :

« L'échauffourée du 22, à l'Hôtel de ville, ne contribua pas peu à irriter les esprits ; comme si Paris n'avait pas été assez en deuil, il fallut encore de nouvelles victimes à ajouter à celles que le bombardement continuait de faire chaque jour. Les mobiles bretons terminèrent là bien tristement leur campagne en tirant sur la foule inoffensive qui stationnait curieusement sur la place, répondant, dit-on, à une provocation qui n'est pas encore bien établie et qui ne le sera certainement jamais, comme il en est de tous ces événements malheureux dont aucun parti ne veut assumer sur lui la responsabilité. »

Cependant, et c'est avec raison, l'auteur n'a pas été poursuivi. — Est-il vrai, comme l'affirme M. l'avocat-général, que ce soient les gardes nationaux qui aient les premiers fait feu en arrivant sur la place de l'Hôtel-de-Ville? Non ! Le passage que je viens de citer établit le contraire. Je ne prétends pas que ce soit la vérité absolue, car, en fait d'histoire contemporaine, elle n'existe pas ; mais on a pu écrire, sans être poursuivi, que les mobiles bretons ont tiré sur la foule inoffensive qui stationnait sur la place, répondant à une provocation qui n'est pas bien établie.

M l'avocat-général. — Quel est cet ouvrage?

Me Forest. — C'est un ouvrage intitulé : *Souvenirs du Siége de Paris*, par un défenseur de Paris, M. Étienne Dejoux.

J'ai l'honneur de vous faire remarquer que cet ouvrage a été publié en février 1871. Le droit de l'écrivain a été respecté dans sa personne comme dans celle de M. Vitu, l'auteur de l'article du *Figaro*, traduit en Cour d'assises et acquitté.

M. Raspail n'a pas été au delà, il a énoncé un fait. Je concède au ministère public, s'il le veut, que c'est un fait erroné; mais énoncer un fait n'est pas un délit, ni surtout une apologie, et vous n'êtes saisis que du délit d'apologie de faits qualifiés crimes par la loi. On énonce un fait, on n'en fait pas l'apologie. Ce fait, j'affirme qu'il est vrai ; vous dites qu'il est faux, l'histoire nous départagera.

Je passe à la seconde éphéméride incriminée :

19 *Mars.* — « Les généraux Clément Thomas et Lecomte fusillés à l'instant où ils se préparaient à ordonner l'attaque de Montmartre, 1871. »

J'ai apporté toute mon attention à la lecture de cette éphéméride pour découvrir comment, en quoi, si d'une manière expresse ou implicite, M. Raspail y avait fait l'apologie de ce crime odieux, l'assassinat des deux généraux. Je n'ai trouvé que l'énonciation d'un fait et non son apologie.

Rappelez-vous le 18 mars 1871; le matin, à la première heure, l'émotion se répand dans la ville : on apprend que des troupes, conduites par des généraux, se sont dirigées vers les hauteurs de Montmartre, à l'effet d'enlever tout le matériel d'artillerie qui s'y trouvait. Dans le milieu de la journée, nous tous, citoyens de Paris, nous apprenons que les troupes sont maîtresses de cette artillerie. Beaucoup d'entre nous se dirigent du côté de Montmartre. A trois heures, la scène change ; des régiments ont fait défection, la garde nationale veut conserver ses canons : elle résiste à l'autorité. Eh bien ! messieurs, dans cette situation, quel était le devoir de l'autorité ? Vaincre la résistance. Il y avait des généraux, le général Lecomte entre autres, qui veulent reprendre les canons sur les gardes nationaux qui s'insurgeaient, et sur les troupes qui faisaient défection. C'est alors que les généraux Lecomte et Clément Thomas ont été assassinés par des soldats de la ligne. On fait un crime à M. Raspail d'avoir dit : Au moment où ils allaient ordonner l'attaque ! Mais est-ce une apologie ? Les généraux étaient là, M. l'avocat-général lui-même a dit tout à l'heure que le général Lecomte avait commandé l'attaque ! que le général Thomas était là pour relever un plan ! et lorsque l'écrivain, énonçant simplement les faits sans les apprécier, — il n'en a pas le temps, il ne s'agit que d'éphémérides, — nous dit que les généraux ont été assassinés au moment où ils voulaient vaincre la résistance de ceux qui s'étaient révoltés, c'est-à-dire au moment où ils allaient commencer l'attaque, on trouve là un fait coupable !! Mais, si ce fait est coupable aujourd'hui, il était coupable hier, et pourquoi le ministère d'hier n'a-t-il pas vu le danger que cette éphéméride faisait courir à la société depuis 1872, date de sa publication ?

Messieurs, je ne veux pas insister davantage. Il n'y a là ni apologie, ni approbation, ni même aucune espèce de commentaire ; c'est le fait en lui-même, pris dans les circonstances au milieu desquelles il s'est accompli, tel qu'il a été porté à la connaissance du public par les journaux de toutes les opinions.

L'éphéméride comprise dans le troisième chef d'accusation, grâce au commentaire dont l'a accompagnée le ministère public, peut vous paraître beaucoup plus grave. Mais M. Raspail proteste contre ce commentaire ; sa pensée, il faut la prendre comme il l'a écrite, il ne faut pas lui donner une portée qui n'a jamais été dans son esprit.

21 *Mai.* — « Rentrée des Versaillais à Paris, et commencement du massacre des innocents et des incendies coupables, mais commis par qui ? 1871. »

Rentrée des Versaillais à Paris, et commencement du massacre des innocents ! Ce sont des bandits que les troupes ont massacrés, et non pas des innocents, dit M. l'avocat-général. Permettez, M. Raspail n'a jamais défendu la Commune, au contraire ; il l'a flétrie toutes les fois que l'occasion s'en est présentée ; mais lorsqu'il dit : Massacre des innocents, est-ce qu'il n'est pas bien dangereux de discuter cette assertion, surtout en présence des faits qui se sont accomplis devant nous, à notre connaissance, et qui sont aujourd'hui authentiquement établis. En effet, messieurs, dans les guerres civiles, il n'y a pas que des vainqueurs et des vaincus : il y a des victimes. Eh bien ! ce sont ces victimes qui ont amené sous la plume de M. Raspail ces mots : Massacre des innocents. Pourquoi voulez-vous donner une extension à cette phrase, lui faire dire ce qu'elle ne veut pas dire, et donner à la pensée de l'écrivain une interprétation contre laquelle il proteste énergiquement !

Il y a eu une enquête sur les faits du 18 mars. M. le maréchal de Mac-Mahon a été entendu, et nous allons voir comment il parle de tous ces faits, lui qui a été au fort de l'action.

« Quelques-uns de ces gens-là, dit le maréchal Mac-Mahon, se sont battus avec une énergie extraordinaire ; il en est qui, leur drapeau rouge à la main, se sont fait tuer sur leurs barricades. Ils paraissaient croire qu'ils défendaient une cause sacrée, l'indépendance de Paris.

« Dans leur exaltation, quelques-uns pouvaient être de bonne foi. »

Le maréchal connaît le cœur humain, et il sait que tous les hommes ne doivent pas être jugés au même poids et à la même mesure ; il tient compte des faiblesses, des erreurs.

Voici une question qui lui est adressée :

« M. Robert de Massy. — Quel a été le nombre des hommes fusillés à Paris ?

« M. le maréchal. — Quand les hommes rendent leurs armes, on ne doit pas les fusiller ; cela était admis. Malheureusement, sur certains points, on a oublié les instructions que j'avais données. Je dois dire, toutefois, qu'on a beaucoup exagéré le nombre des exécutions de ce genre, et, sans pouvoir le préciser, je puis affirmer qu'il a été très-restreint. »

Vous avez entendu, messieurs, à propos de ces éphémérides, prononcer le nom du capitaine Garcin. Il a été interrogé par la commission d'enquête. Voici sa réponse :

« Vous m'avez demandé jusqu'à quand les exécutions sommaires avaient eu lieu. Pendant le combat, tous ceux qui étaient pris les armes à la main étaient fusillés ; il n'y avait pas de grâce ; tous ceux qui étaient étrangers étaient fusillés. » (1)

---

(1) En outre des exécutions sommaires, qui ensanglantèrent les coins de rue, les terrains vagues et les squares, voici ce qui se passait à l'École militaire et à la caserne Lobau, nous citons textuellement et sans commentaires :

« Du côté de l'École militaire, la scène est en ce moment fort émouvante : on y amène continuellement des prisonniers et leur procès *est déja terminé* (c'est le journal qui souligne), ce n'est que detonations. » (*Bien public* du 28 mai 1871.)

« Les cours martiales fonctionnent dans Paris avec une activite inouie sur plusieurs points speciaux. A la caserne Lobau, à l'Ecole militaire, la fusillade s'y fait entendre en permanence. C'est le compte que l'on règle aux miserables qui ont pris part ouvertement à la lutte. » (*Liberté* du 30 mai 1871.)

Ceci ne concerne que les hommes, arrivons à ce qui concerne les femmes !!

« *Purger Paris* est un cri genéral. Il est dans la bouche

Je confie d'une manière toute spéciale à vos souvenirs la déposition du maréchal de Mac-Mahon, parce qu'elle justifie les mots : *Massacre des innocents.*

Permettez-moi, à l'appui de ma thèse, de citer quelques-uns des faits qui malheureusement sont toujours impossibles à conjurer dans les guerres

---

de tous nos soldats, à qui l'insurrection a donné une si cruelle besogne, et qui sont d'ailleurs de si bons patriotes. Ils font maintenant la chasse aux insurgés déguisés, hommes et femmes, qui reprennent sournoisement l'habit du travail, après avoir pris le fusil contre nous. Dès mardi, on arrêtait, dans les environs de la place Vendôme, quarante-cinq femmes qui avaient contribué à la défense des barricades. Les casernes reçoivent tous les jours des troupeaux de leurs pareilles, qui N'Y SÉJOURNENT PAS LONGTEMPS. Leurs assassinats, leurs empoisonnements, commis sur des officiers et des soldats, N'ONT PAS DISPOSÉ LA TROUPE A BEAUCOUP D'INDULGENCE POUR ELLES. » (*Patrie* du 29 mai 1871.)

« La citoyenne Eudes, la femme d'un des généraux de la Commune, a été prise les armes à la main. Elle a été fusillée. C'etait une toute jeune femme de vingt ans, qui s'était persuadee que les criminelles théories de son mari contenaient la pure, la grande vérité. » (*Paris-Journal* du 31 mai 1871.)

« La femme du général La Cécilia a eté tuée derrière une barricade, non pas qu'elle défendait, mais à laquelle elle apportait des pavés. SON CORPS A ÉTÉ RETROUVÉ PERCÉ DE COUPS DE BAÏONNETTES. Elle était mère d'un enfant de sept mois, qui n'a pas été retrouvé. » (*Patrie* du 29 mai 1871.)

civiles, mais qu'il n'en faut pas moins regretter.

Au Jardin des Plantes, il y avait une ambulance qui contenait encore quelques soldats blessés pendant le siége de Paris. Les troupes de Versailles, après la plus vive résistance, entrent dans Paris; elles se rendent maîtresses, après des combats acharnés, des divers quartiers défendus par l'insurrection; elles arrivent au Jardin des Plantes, et vous savez, messieurs, ce qui est advenu des quelques soldats restés là comme infirmiers ou cuisiniers. Ne sont-ce pas là des innocents qui ont été victimes des fureurs de la guerre civile !

Il y avait au séminaire Saint-Sulpice une autre ambulance. Dans celle-là se trouvaient des fédérés blessés provenant de l'évacuation des baraquements du Luxembourg qu'ils occupaient depuis plus d'un mois. Ils étaient là, messieurs, trois cents environ. Les premières troupes (1) qui arrivent sur la place Saint-Sulpice entrent dans le séminaire et respectent l'ambulance; le combat était fini dans ce quartier; les troupes continuent leur marche vers les

(1) Vers onze heures, après la prise de la Croix-Rouge, le 39e regiment de ligne traversa la place Saint Sulpice, se dirigeant vers le Pantheon.

nouvelles barricades du quartier du Panthéon. Une heure après, au moment de l'explosion de la poudrière du Luxembourg (1), des hommes, commandés par un capitaine, débouchent de la rue du Vieux-Colombier et s'avancent vivement vers le séminaire, sur le seuil duquel se tiennent deux chirurgiens attirés dehors par cette effroyable détonation. Le capitaine demande quel est le chirurgien en chef; on lui répond qu'il n'y en a pas, qu'ils sont là deux au même titre; il désigne alors l'un d'eux, M. Faneau, qui est fusillé quelques instants après dans le vestibule; l'autre, M. L. de Franco, doit la vie à une intervention heureuse, et on se borne à le faire garder à vue. La troupe se précipite dans le séminaire et fusillait les blessés, lorsque l'arrivée d'un capitaine de chasseurs à pied vint mettre fin à cet horrible massacre. Soixante blessés avaient été déjà passés par les armes. Le général de Cissey accourut sur les lieux, mais il ne put que déplorer ce qui venait de se passer. (2)

Je ne veux pas multiplier ces citations; cependant

(1) Cette explosion eut lieu à midi vingt-cinq minutes.

2) Il fallut quatre voitures de déménagement pour enlever les cadavres provenant de ce massacre.

il faut que vous sachiez ce qui a été dit devant la deuxième chambre du tribunal civil de la Seine, dans une question de testament.

Un M. Vachette habitait les Batignolles; au moment du 24 mai, on vient le prévenir qu'une maison dont il était propriétaire rue Beaubourg était en feu. Il y court; on l'arrête et on le fusille. C'est sur son cadavre qu'on a trouvé le testament, objet du procès. C'était encore un innocent.

Quand M. Raspail parle du massacre des innocents, il s'agit de ceux qui n'avaient pas pris part à la lutte, et non de ceux qui avaient été pris les armes à la main.

Je lis dans un journal publié à Versailles le 31 mai 1871 :

« Sur plus de deux mille fédérés, cent onze d'entre eux ont été fusillés dans les fossés de Passy. — Que ceux qui ont des cheveux blancs sortent des rangs! dit le général Galiffet qui présidait à l'exécution, — et le nombre des fédérés à tête blanche monta à cent onze. »

Si ces hommes à cheveux blancs n'étaient pas innocents, ils étaient désarmés, et l'humanité aura toujours à gémir sur de pareilles atrocités!

A propos des massacres, j'ai la dans mon dossier

d'autres faits très-nombreux — appuyés sur des pièces plus nombreuses encore — qui n'ont jamais été contestés; mais je m'arrête, ma preuve est faite, il n'est que trop vrai que des innocents ont été massacrés !

M. l'avocat-général a beaucoup insisté sur les derniers mots de cette éphéméride : « des incendies coupables, mais commis par qui? » et il a ajouté : par les soldats de Versailles. Est-ce que j'ai besoin de dire que M. Raspail proteste contre cette interprétation ! Quant à cette question, on peut faire une réponse honnête, vraie, et qui innocente M. Raspail, pourquoi donc en imaginer une coupable, infâme : L'incendie par les troupes de Versailles !

Eh bien, permettez-moi de répondre à l'interrogation posée par M. Raspail : « des incendies coupables, par qui? »

J'emprunte ma réponse à des débats judiciaires en première instance et en appel; ils vous montreront par qui, dans la pensée de M. Raspail, les incendies ont pu être allumés.

Vous avez peut-être entendu parler du colonel fédéré Brunel. Il s'était installé à l'état-major de la garde nationale, place Vendôme, et comme l'hôtel ne suffisait pas à son état-major et à sa troupe, il avait occupé une maison voisine qui appartient à madame la comtesse d'Orglande, et qui était habitée en partie par M. Gustave Fould et sa famille.

Après l'entrée des troupes de Versailles à Paris, des habitants du quartier de la place Vendôme qui savaient que Brunel avait pris une part active aux incendies et au renversement de la colonne, ayant appris qu'il s'était caché dans les appartements de M. Fould, le signalèrent aux soldats qui firent une première perquisition inutile, parce qu'ils étaient dépistés par une bonne allemande au service de M. Fould. Quelques jours après, de nouvelles investigations furent faites, elles n'amenaient aucun résultat et les soldats allaient se retirer, lorsqu'un officier, plongeant son épée dans une armoire où étaient accrochés des vêtements de femme, sentit une résistance et entendit un cri : c'était Brunel, qui fut immédiatement passé par les armes. La domestique allemande, soupçonnée d'être sa complice, fut frappée à la tête par quatre balles de revolver. Lorsque quelques heures après on vint procéder à l'enlèvement des cadavres, la domestique respirait encore ; elle fut transportée à l'hospice ; elle guérit et elle est encore aujourd'hui au service de M. Fould. Sur le cadavre de Brunel, on trouva sa commission de sous-officier prussien!

Et il ne serait pas permis de se demander par qui les incendies ont été commis et quels en sont les instigateurs!

Je passe à une autre éphéméride.

25 *Mai.* — « Delescluze, homme intègre et de souffrance, qui, se reconnaissant victime d'une erreur, couronna sa longue vie par l'héroïsme de sa mort, 1871. »

M. l'avocat-général n'a pas trouvé un langage assez sévère pour flétrir cette éphéméride. Eh bien, je ne me sens pas du tout dans les mêmes dispositions, et je suis convaincu que, mieux éclairés, vous approuverez l'indulgence de M. Raspail. Comment! vous avez osé appeler Delescluze un homme intègre! Oui, répond M. Raspail, Delescluze a été un homme intègre, qui a lutté beaucoup. Ses idées n'etaient pas les miennes, mais dans sa vie privée, y a-t-il un reproche à lui adresser? Personne n'a osé le soutenir. Dire d'un tel homme qu'il est intègre, est-ce faire l'apologie d'un crime?

M. Raspail ajoute : « homme de souffrance. » En effet, la vie de Delescluze s'est passée en grande partie dans l'exil (1). Il a lutté, il a été vaincu; c'est un homme de souffrance; mais je ne fais pas son apologie; je ne glorifie pas les causes qu'il a soutenues.

M. Raspail continue « Delescluze se reconnaissant victime d'une erreur, couronne sa longue vie par l'héroïsme de sa mort. » Comment est-il mort? M. l'avocat-général vous a dit : c'est lui qui dirigeait l'action; c'est lui qui était à la tête des combattants!

Ce n'est pas en dirigeant l'action ni en combattant lui-même qu'il a trouvé la mort; voici quelle a été

---

(1) Voici ce que nous lisons dans le *Dictionnaire des Contemporains*, de M. Vapereau, édition de 1870 :

« Rentré en France au mois d'août 1853, Delescluze fut arrêté en octobre, enfermé à Mazas, puis condamné, le 8 mars 1854, à quatre ans de prison et 1,000 francs d'amende, pour délit de société secrete, et envoyé à Belle-Isle. Successivement transféré à Corte, à Ajaccio, à Toulon, à Brest, il fut dans ces derniers bagnes confondu avec les forçats, et SOUVENT, DANS LES TRANSPORTS ACCOUPLÉ AVEC EUX A LA CHAINE. De Brest, il fut, le 1er septembre 1858 (à l'expiration de sa peine), envoyé à Cayenne SUR UN SIMPLE ARRÊTÉ MINISTÉRIEL, lui faisant application du décret du 8 decembre 1851, et prononçant dix ans de déportation contre lui. »

Ch Delescluze a publie un livre fort émouvant à ce sujet, sous le titre · *De Paris a Cayenne.*

sa fin, et la relation qui en a été produite par tous les journaux n'a jamais été contestée.

Delescluze avait quitté le ministère de la guerre et s'était retiré dans la mairie du 11e arrondissement. La lutte allait finir, mais elle était encore dans toute sa fureur à la barricade établie à l'angle du boulevard Voltaire et de la rue d'Angoulême. Des amis, qui ne partageaient pas ses opinions politiques, le suppliaient d'accepter un asile. Il refusa. Il avait un laisser-passer, il aurait pu faire comme beaucoup de membres de la Commune; il ne l'a pas voulu. Il a quitté la mairie sans armes, la canne à la main, d'un pas ferme. Il s'est avancé vers la barricade au milieu d'un ouragan de mitraille. Malgré les supplications des combattants, il monta sur son sommet, et là, debout, il attendit la mort qui sembla un moment l'épargner; puis il tomba, il était mort.

Quelques instants auparavant, il avait écrit à sa sœur :

« Ma bonne sœur, pardonne-moi de partir avant toi qui m'as sacrifié ta vie. Je t'embrasse mille fois. Ton souvenir sera le dernier qui visitera ma pensée avant d'aller au repos. Je te bénis, ma bien-aimée sœur, toi qui as été ma seule famille depuis la mort de notre pauvre mère. Adieu, je t'embrasse.

« Ton frère qui t'aimera jusqu'au dernier moment.

« CH. DELESCLUZE. »

C'est sous l'émotion de ces sentiments fraternels exprimés d'une manière si touchante par l'homme qui va mourir, que M. Raspail a écrit cette éphéméride, et c'est sous le coup de cette émotion que, dans cette circonstance comme toujours, il n'a pas été avec les dieux du côté du vainqueur, mais avec Caton du côté du vaincu. C'est un beau et louable sentiment, messieurs, et loin de le punir, il faudrait l'encourager.

26 *Mai*.— « Millière, député et étranger aux actes de la Commune, est assassiné, sur la place du Panthéon, par l'ordre du capitaine Garcin, 1871 !!! — Madame veuve Millière intente une action contre le capitaine Garcin, le 18 février 1873. On remarque le lendemain que, d'après l'*Officiel*, le capitaine est promu au grade de chef d'escadron. La demande de la pauvre veuve de l'innocent assassiné arrive devant le tribunal de Versailles le 30 juillet 1873. Le 7 août suivant, le tribunal se déclare incompétent. »

M. l'avocat-général vous a dit : Millière a pris part

à tous les actes de la Commune; il a quitté l'Assemblée de Versailles pour venir ici au milieu même de l'action et la diriger. Permettez-moi de répondre que c'est le contraire qui est vrai, et que M. Raspail en écrivant cette éphéméride, *la seule qui ne se trouve pas dans l'Almanach de* 1873, n'a fait que résumer les débats du procès qui a été plaidé devant le tribunal de Versailles, à l'audience du jeudi 7 août 1873. Il faut mettre sous vos yeux la plaidoirie de l'avocat de madame Millière, plaidoirie reproduite par tous les journaux; et s'il est vrai, comme je vais le prouver, que M. Raspail n'y a rien ajouté, j'aurai démontré que l'accusation n'est pas plus fondée sur cette éphéméride que sur toutes les autres.

Voici comment s'exprimait le défenseur de madame veuve Millière :

« Le 26 mai 1871, J.-B. Millière, âgé de 53 ans, docteur en droit, représentant du peuple à l'Assemblée nationale, a été passé par les armes à Paris, place du Panthéon, sur l'ordre de M. Garcin, capitaine attaché à l'état-major du général de Cissey, commandant le 2e corps de l'armée de Versailles. »

M. l'avocat-général a prétendu que Millière avait pris part aux actes de la Commune, et que ce n'était pas par les ordres du capitaine Garcin qu'il avait été passé par les armes; mais il n'en a fourni aucune preuve. Pour faire justice de son allégation, il n'y a qu'à interroger les faits.

Le 18 mars 1871, le comité central donna le signal de l'insurrection; le soir même, il était maître de Paris, et le lendemain il faisait apposer des affiches sur les murs pour appeler les citoyens aux élections communales. Ces affiches étaient signées de tous les membres du comité central; parmi les noms des signataires ne figure pas celui de Millière.

Par suite de cet appel aux électeurs, le 5 avril ont lieu les élections de la Commune; cent noms sortent du scrutin. Le nom de Millière n'y figure pas davantage. Donc Millière ne faisait pas partie de la Commune.

Le 11 avril, l'armée régulière, placée sous les ordres du maréchal de Mac-Mahon, commence les opérations du siége de Paris. Le 21 mai, les troupes font leur entrée dans Paris par la porte de Saint-Cloud. Le 25 mai, le général déclare dans son rapport que toute la rive gauche est en son pouvoir ainsi que les ponts de la Seine. Le 28 mai, les derniers fédérés sont faits prisonniers au Père-Lachaise.

Dès le 24 mai, le général de Cissey avait organisé

au Luxembourg une cour martiale qui jugeait sommairement, il est vrai, mais qui jugeait après interrogatoire. Cette cour martiale fonctionnait donc au Luxembourg, et j'appelle sur ce point toute votre attention, lorsque, tout à coup, le 26 mai, deux jours après l'établissement de la cour martiale, le bruit se répand dans le quartier du Panthéon qu'un membre de la Commune, Léo Meillet, est caché dans une maison de la rue d'Ulm. Les soldats pénètrent dans la maison n° 38, où l'on dit que Léo Meillet s'est réfugié, ils s'emparent de M. F... et menacent de le fusiller s'il n'indique pas où est caché Léo Meillet. A ce moment un homme se présente, il est grand, mince, de longs cheveux ombragent sa tête; il porte à la boutonnière la rosette de représentant du peuple. « Vous cherchez Millière, dit-il, me voici. »

Millière se livre pour sauver son beau-père; les soldats s'emparent de lui et le conduisent au Luxembourg, siége de la prévôté.

Au moment où Millière arrive à la porte du Luxembourg, un officier se présente, c'est M. Garcin, capitaine attaché à l'état-major du 2e corps; il constate l'identité de Millière, puis il le fait conduire au Panthéon et passer par les armes.

Voilà, messieurs, ce qui a été plaidé devant le tribunal de Versailles; voilà ce que les journaux ont publié après la plaidoirie : Millière a été passé par les armes, non pas parce qu'il était membre de la Commune, mais parce qu'on a confondu le nom de Millière avec celui de Meillet.

M. Raspail avait donc le droit de dire que Millière était resté étranger aux actes de la Commune, et que sa veuve, la veuve d'un innocent, a vu sa plainte repoussée par une fin de non-recevoir, par une incompétence. Vous vous rappelez la déposition de M. Garcin dans l'enquête parlementaire : « Tous ceux, a-t-il dit, qui étaient pris les armes à la main étaient fusillés. » Est-ce que Millière a été pris les armes à la main? Non, depuis deux jours on ne se battait plus, depuis deux jours une cour martiale fonctionnait au Luxembourg, et néanmoins Millière est passé par les armes !... M. Raspail dit : c'est un assassinat; je demande à M. l'avocat-général s'il y a un autre mot pour qualifier une pareille exécution !

J'arrive à la dernière des éphémérides incriminées à celle du 23 juin 1848.

23 *Juin.* — « Jours néfastes de la deuxième Républi-

que française ; nouvelle Saint-Barthélemy, nombre d'or des férocités jésuitiques, 1848. »

Eh bien! je vous le demande encore, est-ce que les journées de juin n'appartiennent pas depuis longtemps au domaine de l'histoire. Elles ont été appréciées fort diversement par tous ceux qui ont écrit sur les événements de 1848, et il faut bien reconnaître que, dans toute histoire contemporaine, les opinions de l'écrivain lui présentent toujours les événements sous un jour particulier. M. Raspail a dit que les journées de juin avaient été, pour la seconde République, des jours néfastes. M. Raspail est républicain, personne ne l'ignore; les journées de juin ont porté le coup fatal à la seconde République, c'est incontestable; donc il a le droit de les qualifier de jours néfastes. Il a ajouté que c'était une Saint-Barthélemy ; mais c'est un mot qui se dit bien souvent dans le sens où mon client l'emploie. Toutes les fois qu'un massacre a lieu, tout le monde dit que c'est une Saint-Barthélemy. « Nombre d'or des férocités jésuitiques. » Qu'est-ce que cela veut dire? Est-ce que ce n'est pas le droit de l'historien de rechercher la main qui, dans les guerres civiles, arme le frère contre son frère? M. Raspail a-t-il été au delà de son droit? Ce qu'il a dit des journées de juin 1848, beaucoup d'autres l'avaient dit avant lui, plusieurs le répéteront après lui, et la vérité ne se fera dans l'histoire que le jour où la génération, qui s'est trouvée engagée dans ces luttes terribles, sera éteinte et que les passions qui l'animaient auront disparu.

Voici comment s'exprime Henri Martin, d'après un historien du temps de Charles IX :

« Les jésuites enseignaient qu'on ne devait avoir ni paix ni trêve avec les hérétiques, que c'était chose agréable à Dieu de les mettre à mort. Chaque jour, on apprenait de nouveaux assassinats, de nouveaux massacres. »

Voilà ce qui s'appelle appeler les choses par leurs noms. Est-ce que l'historien du temps de Charles IX a été inquiété ? Est-ce que Henri Martin a été traduit en cour d'assises ? Pas le moins du monde.

M. l'avocat-général vous a dit : « M. Raspail écrit pour l'instruction de la jeunesse, les enfants auront entre les mains les éphémérides et l'almanach météorologique. » C'est une erreur ! Ce petit livre est destiné aux instituteurs et non aux enfants. Mais là n'est pas la question. Cette éphéméride fait-elle, comme le soutient l'accusation, l'apologie d'un fait qualifié crime? Non! Voici l'almanach de 1870, il a été publié sous l'Empire; j'y trouve l'éphéméride du 23 juin 1848, mot pour mot. L'Empire a laissé passer l'almanach; non-seulement il l'a laissé passer, — on pourrait dire que c'est un oubli de la censure, — mais on lui a donné l'estampille. Il circule avec l'autorisation du gouvernement. Et aujourd'hui ce serait un délit! Mais où en serions-nous! Où en serait la conscience publique, si on venait nous dire que les ouvrages qui avaient le passeport du gouvernement, la libre circulation, qui pouvaient être mis, avec son approbation, entre les mains de tout le monde, que ces livres autorisés, encouragés en 1870, sont devenus des livres coupables, délictueux en 1874! Non, cela n'est pas possible, et je le répète, il n'y a dans toutes ces éphémérides ni crime ni délit. Et vous ferez pour ce chef d'accusation, « apologie de faits qualifiés crimes par la loi, » ce que l'instruction a fait pour le délit « d'excitation à la haine et au mépris des citoyens les uns contre les autres, » vous déclarerez qu'il n'est pas fondé.

J'ai réfuté victorieusement, je le crois du moins, les divers chefs d'accusation portés contre M. Raspail; il ne me reste qu'à rappeler votre attention sur le caractère du livre et sur la personne de l'auteur. Le livre, il n'a qu'un but : amener les instituteurs de la jeunesse à un enseignement raisonné, scientifique et moral. Il donne la méthode qu'il croit la meilleure ; il indique les sources auxquelles les maîtres doivent puiser ; il les exhorte à ne juger les événements que d'après les règles de la raison et de l'humanité, à se garder de tout ce qui aurait l'air d'un appel aux passions de l'époque, et enfin, il les conjure de n'oublier jamais que la grande leçon qui ressort des vicissitudes de l'histoire, c'est le pardon réciproque des souvenirs.

Voilà, messieurs, le caractère du livre. Quant à l'auteur, personne n'ignore que sa vie tout entière a été consacrée à la science et à la liberté. Arrivé, malgré les tempêtes, à l'âge de quatre-vingts ans, il a eu le rare bonheur d'assister au triomphe de ses idées scientifiques et politiques. Il vous le disait tout à l'heure, et quand dans sa reconnaissance, il s'incline devant la divinité, voici comment il s'exprime :

« Oh ! toi par qui j'existe, toi dont mes lèvres n'osent prononcer le nom sublime et ineffable, Être éternel qui vois rouler sous ton trône immobile le torrent des siècles et les générations humaines. .
. . . .

« C'est au milieu d'un concert unanime de tous les êtres que je t'adresse ma voix..... Quand mon âme, planant au delà de tous les cieux, au delà des mondes sans fin et de l'empire des êtres créés, veut percer le nuage qui l'enveloppe pour s'élancer vers le sanctuaire où tu habites, repoussée vers la terre et anéantie sous le poids de ta grandeur, elle ne voit plus qu'un Océan sans rivage, qu'un abîme sans fond où elle se perd, s'oublie dans son ravissement, ne sent plus, n'existe plus et nage comme un atome dans ton immensité..... Oui, je le sens au noble orgueil qui se réveille en mon sein ; il me dit, en m'offrant cette vaste étendue des cieux comme un point trop resserré pour te contenir, que le seul trône digne de toi est le cœur du juste et de l'homme de bien. »

Maintenant, messieurs les jurés, vous connaissez le livre, vous connaissez l'auteur, vous êtes nos juges ; nous avons confiance dans la justice.

Après cette plaidoirie qui laisse l'auditoire sous le coup d'une impression profonde, le défenseur de M. Dupont fils présente quelques observations en faveur de son client, très-peu chargé, du reste, par le ministère public.

M. le président clôt ensuite les débats et fait le résumé suivant :

RÉSUMÉ DE M. LE PRÉSIDENT BONDURAND

Messieurs les jurés, votre opinion est assurément formée maintenant sur les questions qui vous sont soumises, et nous nous reprocherions, quant à nous, de vous retenir par des explications inutiles. Quoi de plus simple, en effet, que ces questions, et n'est-il pas évident que dans la publication qui vous est déférée, se trouve le délit dont on vous demande la répression.

Pour l'apprécier, M. l'avocat-général vous dit qu'il faut vous demander ce que sont les prévenus et notamment le prévenu Raspail père. M. l'avocat-général vous a dit quels étaient ses antécédents, et il vous l'a représenté comme ayant été pendant toute sa vie en lutte contre tous les gouvernements. Il ne vous a pas parlé du fait de 1815, mais, prenant simplement le casier judiciaire sur lequel sont inscrites toutes les condamnations de Raspail père, il vous a rappelé ce qu'étaient ces condamnations, et il vous a montré que, soit sous la monarchie de juillet, soit sous les régimes qui ont suivi, il a toujours lutté contre les gouvernements établis.

En ce qui concerne les deux autres prévenus, M. l'avocat-général n'avait rien à vous dire, sinon que Raspail fils s'est associé aux idées de son père, qui, malgré l'âge où il est parvenu, n'ont rien perdu de leur énergie ni de leur ardeur.

Enfin, en ce qui concerne Dupont, M. l'avocat-général vous a dit quelle était sa part de responsabilité, comment le délit existe et comment la publication serait impossible si l'imprimeur ne prêtait pas ses presses, qu'il est incontestable qu'il a prêté ses presses à la publication de l'*Almanach météorologique,* incontestable également qu'il n'en a pas fait le dépôt au parquet, bien qu'il traitât de matières politiques, et qu'en conséquence nous devons le considérer comme s'étant rendu complice du délit commis par Raspail père et fils.

Après vous avoir dit quelques mots sur les deux principaux prévenus, M. l'avocat-général vous a lu des passages du livre incriminé; il vous a montré dans quel esprit ce livre était rédigé, et que dans ce qui en constitue la partie politique et historique, il y a un sentiment qui domine, et toujours le même, la haine des gouvernements établis, la sympathie pour tout ce qui représente la lutte contre la société!

M. l'avocat-général vous a cité, dis-je, un certain nombre de passages, vous pourrez les relire dans la salle de vos délibérations; et puis, arrivant à ceux qui visent l'histoire contemporaine, il vous a dit pour qui sont les sympathies de l'auteur. Est-ce qu'elles sont pour les gouvernements qui luttent pour la cause de l'ordre? Est-ce qu'au contraire ces sympathies ne sont pas pour les insurgés! Quelles sont les expressions dont il se sert? Lorsqu'il s'agit de la rentrée des troupes, il emploie pour les désigner le langage des insurgés. — L'armée française, ce sont les Versaillais! — Puis, parlant de ces événements épouvantables qui se sont accomplis dans Paris, de tous ces massacres, de tous ces incendies, il pose un point d'interrogation dont vous comprenez toute la gravité, et qui semble vouloir dire que les auteurs de ces massacres des innocents, comme il les appelle, ce ne sont pas les insurgés, et que ce pourrait être aussi bien les Versaillais. Voilà ce qui paraît évident pour M l'avocat-général.

Il vous rappelle également de quelle manière sont présentés d'autres faits comme celui-ci : la mort des généraux Lecomte et Clément Thomas, qui pour lui est le résultat d'un crime pour lequel Raspail père n'a pas un mot de blâme et au sujet duquel il se borne simplement à dire ces mots dont vous comprenez sans peine la portée et le sens : que les deux généraux ont été mis à mort au moment où ils allaient ordonner l'attaque de Montmartre. Il en est de même d'autres points que nous ne voulons pas parcourir. Nous ne faisons que vous rappeler ce qu'a dit M. l'avocat-général, que c'est toujours le même esprit qui domine, toujours la même haine, qu'ainsi les journées de juin 1848 sont présentées par Raspail comme une nouvelle Saint-Barthélemy, et vous savez quel est le sens qu'il attache à ce mot. Donc, dit M. l'avocat-général, le délit d'apologie de faits qualifiés crimes ou délits par la loi est bien constaté. Faut-il admettre, en effet, que l'historien ne relève que de ce qu'il appelle sa conscience et qu'il ne relève pas aussi de la vérité? Est-ce qu'il n'est pas aussi responsable de la vérité? C'est une théorie que vous ne pouvez pas accepter! Et en conséquence, M. l'avocat-général réclame de vous un verdict affirmatif en réponse aux questions qui vous sont posées.

Vous avez entendu la défense présentée par le second des prévenus, Raspail père. Il a commencé par dire qu'il protestait de la moralité de ses livres; qu'en dépit des condamnations encourues, il pouvait marcher la tête haute, et qu'il n'avait rien à rétracter de son passé ni de ses actions. Il vous a ensuite raconté les détails de sa vie; il a discuté les condamnations qu'il avait encourues; enfin il a laissé au défenseur de son fils le soin de discuter les differents chefs de l'accusation qui l'amène devant vous.

Le défenseur de Raspail fils s'est demandé si les six articles incriminés contenaient le délit relevé par M. l'avocat-général, et il vous a prié d'abord de vouloir bien écarter ceux qui n'étaient pas retenus par la prévention, tous ceux, en un mot, qui ne sont pas incriminés. Ce n'est pas, a-t-il dit, dans les articles accessoires de l'almanach qu'il faut aller chercher vos convictions; vous n'avez à juger que de ceux sur lesquels porte directement l'accusation.

C'est alors qu'a commencé l'examen fait par le défenseur de chacun de ces articles. Nous ne voulons pas vous représenter les explications qui vous ont été fournies pour chacun d'eux, pas plus que nous n'avons repris les explications données par M. l'avocat-général. Cependant, vous vous rappelez qu'en ce qui concerne la première éphéméride, on a revendiqué les droits de l'historien; qu'on vous a dit que Raspail n'avait pas fait autre chose que de rappeler les faits suivant sa conscience, et que ces faits racontés par Raspail avaient été qualifiés d'une façon plus énergique par un journal qui avait été acquitté. En vous parlant des généraux Lecomte et Clément Thomas, on vous a dit qu'on n'avait eu en aucune façon l'intention de justifier ces meurtres, mais qu'au moment où ils avaient été fusillés ils devaient en effet avoir eu l'intention d'attaquer Montmartre.

Nous ne voulons pas reprendre les autres détails donnés par la défense ; ils sont assurément restés dans vos mémoires, et nous ne croyons pas qu'il soit nécessaire par conséquent de revenir sur tous ces faits.

Nous ajouterons seulement, messieurs, que la défense vous demande l'acquittement des prévenus.

Enfin, en ce qui concerne Paul Dupont, vous savez ce qu'on vous a dit : qu'il était impossible de supposer qu'il y ait eu de sa part d'intentions mauvaises, qu'il était dans des idées politiques absolument différentes de celles de Raspail ; — qu'il n'avait publié cet almanach que parce qu'il le considérait comme inoffensif, d'autant plus qu'en 1870 cet almanach avait reçu l'estampille du ministère de l'intérieur; enfin que, si Paul Dupont n'en avait pas fait le dépôt, c'est qu'il ne s'était pas aperçu qu'il y était question de politique. On vous demande donc aussi l'acquittement de Paul Dupont.

A quatre heures, le jury entre dans la chambre de ses délibérations. Il en revient à quatre heures quarante minutes. Son verdict est affirmatif contre MM. Raspail fils et Raspail père, négatif en ce qui concerne M. Dupont. Il admet seulement en faveur de Raspail fils les circonstances atténuantes.

En conséquence de ce verdict, M. le président prononce l'acquittement de Paul Dupont, et la Cour, après en avoir délibéré, rend l'arrêt suivant :

« Attendu que les faits déclarés constants par le jury constituent les délits prévus et punis par les art. 3 de la loi du 27 juillet 1849, 59, 60 du code pénal;

« Qu'il résulte encore de ladite déclaration qu'il existe des circonstances atténuantes en faveur de Raspail (François-Xavier);

« Considérant qu'il résulte encore du casier judiciaire que Raspail (François-Vincent) a été condamné 1° à un emprisonnement correctionnel de plus d'une année; 2° à six années de détention; qu'il se trouve en conséquence en état de récidive, aux termes des art. 57 et 58 du code pénal ;

« Vu les art. 3 de la loi du 27 juillet 1849, 59, 60, 57 et 58 du code pénal modifiés par l'art. 23 de la loi du 27 juillet 1849 à l'égard de Raspail (François-Xavier), dont il a été fait lecture par le président, condamne :

« François-Xavier Raspail à six mois de prison et 500 francs d'amende ;

« François-Vincent Raspail à deux ans de prison et 1,000 francs d'amende ;

« Vu les art. 18 de la loi du 5 mai 1855 sur les droits de poste et 368 du code d'instruction criminelle,

« Condamne les susnommés solidairement envers l'État et par corps aux deux tiers des dépens, etc. ;

« Fixe à six mois contre chacun des susnommés la durée de la contrainte par corps, s'il y a lieu de l'exercer, pour le recouvrement des amendes et dépens.

« Fait et prononcé au Palais de Justice, à Paris, le 12 février 1874, en l'audience publique de la Cour d'assises, où siégeaient M. Bondurand, président ; MM. Labour et Villedieu, conseillers. »

MM. Raspail père et Xavier Raspail se sont immédiatement pourvus contre cet arrêt.

COUR DE CASSATION

Audience du 6 mars 1874.

PRÉSIDENCE DE M. FAUSTIN-HÉLIE

M. le conseiller Saint-Luc Courborieu fait le rapport.

Me Bosviel est chargé par MM. Raspail père et fils de soutenir leur pourvoi.

Me Bosviel rappelle d'abord qu'en 1873 et 1874, MM. Raspail ont publié une brochure intitulée : *Almanach et calendrier météorologique*, contenant une partie consacrée à une *Revue sommaire des hommes et des événements célèbres.*

M. Raspail père en était le rédacteur et M. Raspail fils l'éditeur.

C'est dans cette partie du livre qu'ont été relevés divers passages qui ont fait l'objet des poursuites dirigées contre MM. Raspail père et fils, comme contenant l'apologie de faits qualifiés crimes et délits par la loi.

Après avoir analysé ces articles, Me Bosviel fait remarquer que, pour y trouver le délit d'apologie, il faut, selon lui, aller au delà de l'expression et y chercher une intention qui est loin d'y apparaître clairement. Et si l'on peut croire que le rédacteur a entendu plaindre les malheureux qui ont pris part à la Commune, il n'a pas entendu faire l'éloge de leurs actes.

Me Bosviel fait ensuite l'historique de la procédure ; il fait remarquer que la poursuite s'est bornée à faire signifier à MM. Raspail père et fils : 1° l'arrêt rendu le 23 janvier 1874 par la chambre des appels correctionnels, et qui les renvoie devant la Cour d'assises ; 2° l'ordonnance du président de la Cour d'assises, portant fixation de l'audience et citation à comparaître le jeudi 12 février 1874 ; 3° notification de la liste du jury. Il constate en outre qu'il n'a point été dressé d'acte d'accusation, qu'il n'en a point été signifié

C'est en cet état que M. Raspail fils a été condamné à six mois d'emprisonnement, à raison des circonstances atténuantes, et M. Raspail père à deux ans de la même peine, à raison d'une prétendue récidive.

Ici Me Bosviel relève deux moyens de cassation : l'un commun aux deux condamnés, l'autre spécial à M. Raspail père.

Le premier est fondé sur la violation des art. 241,

242, 271, 272 du code d'instruction criminelle et fausse interprétation de l'art. 13 de la loi du 26 mai 1819.

Il fait remarquer que la rubrique du titre 2 du code d'instruction criminelle comprend toutes *les affaires qui doivent être soumises au jury*, et que, aux termes des lois de 1819 et de 1871, les délits de presse sont dans cette catégorie. Or, parmi les articles qui organisent la procédure de ces sortes d'affaires se trouve l'art. 241 du code d'instruction criminelle, qui, en suite de l'arrêt de renvoi, exige la rédaction d'*un acte d'accusation.*

On voit, en complétant ces articles par les art. 271, 277 du même code, que l'acte d'accusation est la mise en action nécessaire de l'action publique, laquelle appartient exclusivement au ministère public. C'est lui qui accuse, c'est lui qui poursuit, et, sans l'acte d'accusation, la Cour d'assises ne pourrait être saisie.

C'est par l'acte d'accusation que le ministère public fait connaître à l'inculpé les délits qui lui sont reprochés, les circonstances qui peuvent aggraver son délit ou le justifier ; cet acte doit nécessairement être notifié, et la notification est prescrite par l'article 241. Cette prescription doit, d'après une jurisprudence constante de la Cour de cassation, être observée à peine de nullité.

Mais si cet acte d'accusation est nécessaire en matière ordinaire, l'est-il en matière de délit de presse?

Pourquoi ne le serait-il pas? Est-ce que le prévenu n'a pas le droit à la même protection, aux mêmes égards que l'accusé ordinaire? Est-ce que sa défense ne doit pas être entourée des mêmes garanties?

Ainsi, dans l'espèce, il s'agissait d'écrits incriminés. L'esprit pouvait en être critiqué. Mais contiennent-ils bien le délit reproché? Ne faut-il pas se livrer à une interprétation un peu hasardée pour l'y rencontrer?

Eh bien! un acte d'accusation eût pu éclairer M. Raspail. Il aurait signalé la prétendue récidive qui aurait mis M. Raspail en mesure de se prévaloir de l'amnistie et prévenir l'erreur commise par la Cour d'assises. L'acte d'accusation était donc très-utile, indispensable, et on ne comprend pas pourquoi le ministère public s'est cru, dans l'espèce, affranchi de cette présomption légale.

On a beau dire qu'il s'agit ici d'un délit et non d'un crime. Sans doute. Mais il s'agit d'un délit de la compétence de la Cour d assises, et l'art. 241 porte que, *dans tous les cas où le prévenu* sera renvoyé devant la Cour d'assises, le procureur-général *sera tenu de rédiger un acte d'accusation*, et la rubrique du titre s'applique *à toutes les affaires qui doivent être soumises au jury*.

Il est vrai que l'art. 13 de la loi de 1819 se borne à prescrire la rédaction et la signification d'un arrêt de renvoi ; mais il ne dispense en aucune façon de l'acte d'accusation, qui est le complément nécessaire de l'arrêt de renvoi.

La défense estime donc qu'il y a eu dans la procédure suivie violation d'une prescription absolue, d'une garantie essentielle à la libre défense des prévenus, et ce moyen doit entraîner la cassation au profit de MM. Raspail père et fils.

Le deuxième moyen, qui ne peut profiter qu'à M. Raspail père, se fonde sur la violation des art. 57 et 58 du code pénal sur la récidive et des effets de l'amnistie.

L'amnistie efface toutes les condamnations antérieures et toutes leurs conséquences légales.

Or, un décret du 14 août 1869 a édicté amnistie pleine et entière « pour toutes condamnations prononcées ou encourues jusqu'à ce jour pour crimes et délits politiques ou pour délits et contraventions en matière de presse. »

Or M. Raspail n'a jamais subi de condamnations que pour faits politiques ou de presse.

Ces condamnations se trouvaient donc abolies avec tous leurs effets légaux ; il n'y avait donc plus de place possible à la récidive, et, en lui infligeant deux années d'emprisonnement à cause de la prétendue récidive, la Cour d'assises a violé les articles invoqués par M. Raspail.

M. Thiriot, avocat-général, a conclu au rejet sur le premier moyen et à la cassation sur le deuxième.

Conformément à ces conclusions, la Cour a rendu l'arrêt suivant :

RÉPUBLIQUE FRANÇAISE

AU NOM DU PEUPLE FRANÇAIS :

LA COUR DE CASSATION a rendu l'arrêt suivant sur le pourvoi de : 1° François-Xavier Raspail, et 2° François-Vincent Raspail, en cassation d'un arrêt rendu le 12 février dernier par la Cour d'assises de la Seine qui les a condamnés, savoir : le premier à six mois de prison et 500 francs d'amende, et le second à deux ans de prison et 1,000 francs d'amende, etc.;

LA COUR, ouï le rapport de M. Saint-Luc Courborieu, conseiller, les observations de Me Bosviel, avocat en la Cour, et les conclusions de M. Thiriot, avocat-général;

— Sur le premier moyen pris de la violation de l'article 1er de la loi du 15 avril 1871 et des articles 241, 242 du Code d'instruction criminelle, en ce qu'un acte d'accusation n'a pas été notifié aux demandeurs renvoyés devant la Cour d'assises de la Seine par un arrêt de la Chambre des mises en accusation ;

Attendu que, par arrêt de la Chambre des mises en accusation de la Cour d'appel de Paris, du 23 janvier 1874, les demandeurs ont été renvoyés devant la Cour d'assises de la Seine, non comme accusés d'un crime, mais comme prévenus de délits commis par la voie de la presse ;

Que conformément aux dispositions de l'article 13 de la loi du 26 mai 1819, l'arrêt de renvoi a été régulièrement notifié aux prévenus ; — Que, selon les prescriptions de l'article 17 de la même loi, l'arrêt, en indiquant avec précision chacun des passages des écrits reprochés aux prévenus, a articulé et qualifié les faits à raison desquels le renvoi devant la Cour d'assises avait été ordonné ;

Que le ministère public s'est ainsi conformé aux règles de la procédure spéciale établie par la loi du 26 mai 1819 ; qu'il n'avait pas, en rédigeant et notifiant un acte d'accusation, à accomplir les formalités prescrites par les articles 241 et 242 du Code d'instruction criminelle, qui ne peuvent trouver leur application qu'à l'égard des individus accusés de crime ;

D'où il suit que ce moyen est mal fondé.

— Sur le 2e moyen, tiré de la violation de l'article 7

de la loi du 20 avril 1810, des articles 57, 58 du Code pénal et du principe que l'amnistie anéantit les condamnations auxquelles elle s'applique, même quand la peine a été subie ;

Sur la première branche de ce moyen :

Attendu que l'arrêt de la Cour d'assises a reconnu et affirmé l'existence de deux condamnations antérieures à la charge de Raspail père : l'une à plus d'un an d'emprisonnement pour délit, l'autre à six années de détention pour crime, en visant un bulletin régulier du casier judiciaire, joint à la procédure, coté dans l'inventaire et dont les énonciations exactes n'avaient pas été contestées par le prévenu qu'elles concernaient ;

Que l'arrêt a été ainsi suffisamment motivé, en l'absence de tout debat et de conclusions relativement aux condamnations antérieurement prononcées contre Raspail, François-Vincent ;

Qu'il n'y a pas eu violation de l'article 7 de la loi du 20 avril 1810 ;

Sur la deuxième branche du moyen :

Vu le décret d'amnistie du 14 août 1869 et les articles 57 et 58 du Code pénal :

Attendu que l'amnistie abolit les crimes et les délits auxquels elle s'applique, et fait disparaître tous les effets des peines prononcées, à l'exception de ceux spécialement maintenus ;

Que, par suite, les condamnations prononcées avant l'acte d'amnistie pour un des crimes ou délits qui en font l'objet, ne peuvent être admises pour constituer l'état de récidive de l'individu qui, frappé par ces condamnations commettrait un nouveau crime ou délit postérieurement à la date de l'amnistie ;

Attendu que le décret du 14 août 1869 dispose que l'amnistie pleine et entière est accordée pour toutes condamnations prononcées ou encourues jusqu'à ce jour à raison de crimes et délits politiques ;

Que ce décret a entièrement effacé les condamnations pour délit et crime politiques prononcées antérieurement contre Raspail, François-Vincent, et qu'en prenant ces condamnations comme premier terme de la récidive, la Cour d'assises a méconnu les effets légaux du décret d'amnistie précité et a faussement appliqué les articles 57 et 58 du Code penal ;

Attendu que si la Cour d'Assises était autorisée par les réponses du jury et par l'article 3 de la loi du 27 juillet 1849, combiné avec les articles 59 et 60 du Code pénal, à condamner le demandeur à deux ans d'emprisonnement et mille francs d'amende, ce n'est pas sur les circonstances du fait qu'elle s'est fondée pour prononcer le maximum de la peine, mais expressément sur l'état de récidive et sur les dispositions des articles 57 et 58 du Code pénal : qu'il y a donc eu de sa part, relativement aux éléments constitutifs à l'état de récidive et à sa conséquence, une erreur de droit qui a pu amener la Cour d'assises à penser qu'elle ne pouvait appliquer que le maximum de la peine ; d'où la conséquence qu'il y a possibilité de préjudice pour Raspail père ; que l'article 411 du Code d'instruction criminelle ne saurait être appliqué à l'espèce et que la peine n'est pas légalement justifiée ;

Par ces motifs, rejette le pourvoi de Raspail, François-Xavier, et le condamne à l'amende envers le trésor public ;

Casse et annule l'arrêt rendu le 12 février 1874 par la Cour d'assises de la Seine, qui condamne Raspail, François-Vincent, à deux années d'emprisonnement et mille francs d'amende pour complicite de délits d'apologie de faits qualifiés crimes ou délits et pour être fait application de la peine aux délits régulièrement affirmés par les réponses du Jury relatives audit Raspail père, lesquelles sont expressément maintenues (le premier moyen et la première branche du deuxième moyen étant rejetés);

Renvoie la cause et le prévenu Raspail, François-Vincent, devant la Cour d'assises de Seine-et-Oise, à ce determinée par une délibération prise en la Chambre du Conseil ; — ordonne la restitution de l'amende consignée par ledit Raspail père ; — ordonne que le présent arrêt sera imprimé et qu'il sera transcrit sur les registres de la Cour d'assises de la Seine ;

Ainsi fait et prononcé en audience publique, par la Cour de Cassation, Chambre criminelle, le 6 mars 1874.

Presents : MM. Faustin-Helie, président ; Saint-Luc Courborieu, rapporteur ; Zangiacomi, de Carnière, Guyho, Lascoua, Salneuve, Barbier, Camescasse, Moignon, Robert de Chenevières, Roussel, Pierrey, Baudoin et Dupré-Lasalle, conseillers en la Cour.

En conséquence de cet arrêt, M. F.-V. Raspail a reçu, le 7 avril, assignation à comparaître le 2 mai 1874, à 10 heures du matin, en l'audience de la Cour d'assises de Versailles.

COUR D'ASSISES DE VERSAILLES

Audience du 2 mai 1874

PRÉSIDENCE DE M. HENRIQUET

Conseiller à la Cour d'appel de Paris

Un nombreux auditoire encombre la salle des assises, dont les abords ont été laissés libres ; il se compose en grande partie d'habitants de Versailles, parmi lesquels se trouvent mêlés quelques soldats venus là comme simples auditeurs. Les journaux n'ayant pas eu occasion d'annoncer que le procès Raspail dût avoir lieu aujourd'hui, très-peu de personnes sont venues de Paris pour assister au dernier acte de ce procès, vraiment émouvant pour ceux qui n'oublient pas qu'il s'agit de la liberté d'un octogénaire. Une condamnation, ne fût-elle que de quelques mois de prison, ne peut frapper un vieillard à cet âge extrême, sans menacer de ravir les derniers jours qui lui restent d'une noble existence arrivée à son couchant.

A dix heures, M. Raspail entre dans la salle, accompagné de Me Forest et de deux de ses fils, Camille et Emile. On se découvre sur le passage du vénérable octogénaire, qui va s'asseoir sur le banc des accusés.

Quelques instants après, l'audience est ouverte.

Par suite de l'arrêt de la Cour de cassation, la Cour d'assises de Seine-et-Oise siége sans l'assistance du jury.

M. le président, en considération du grand âge de M. Raspail, l'invite à rester assis. Celui-ci déclare se nommer François-Vincent Raspail, âgé de quatre-vingt-un ans, né à Carpentras, habiter actuellement Arcueil-Cachan et exercer la profession d'homme de lettres.

Le greffier donne lecture du verdict du jury de la Seine, de l'arrêt de condamnation et de l'arrêt de renvoi rendu par la Cour de cassation le 6 mars dernier.

M le Président. — Prévenu Raspail, veuillez, ainsi que je vous l'ai déjà dit, rester assis. Avez-vous quelque observation à présenter?

M. Raspail. — Je m'en rapporte complétement à ce que dira Me Forest.

RÉQUISITOIRE

M. Harel, procureur de la République, prononce le réquisitoire. Il donne lecture et discute le degré de culpabilité des six éphémérides incriminées dans l'almanach de M. Raspail. L'organe du ministère public termine ainsi : « Sans doute, le prévenu a vu ses précédentes condamnations annulées par l'amnistie, et par conséquent vous ne devez pas le considérer comme étant en état de récidive ; mais nous ne pouvons oublier que deux fois déjà il a attaqué les gouvernements établis, et, en présence de la déclaration du jury de la Seine, vous reconnaîtrez qu'il y a lieu, malgré l'âge de M. Raspail, de lui faire une application rigoureuse de l'article 3 de la loi du 27 juillet 1849. »

PLAIDOIRIE DE Me FOREST

Messieurs, les explications que j'ai à vous donner seront aussi courtes que celles que vous venez d'entendre. Je ne reviendrai sur les faits reprochés à

M. Raspail que parce que le ministère public vient de m'y rappeler, et je ne le ferai qu'avec la même modération qu'il y a mise lui-même. Je vais donc étudier à nouveau cette cause et vous démontrer, je l'espère, la parfaite bonne foi de mon client. M. Raspail, en effet, n'est coupable que d'une chose : d'un amour ardent pour le bien public.

Laissez-moi vous faire connaître M. Raspail. Il vous a dit qu'il était homme de lettres; cela est vrai, et ses livres ont une valeur littéraire reconnue par tous les hommes de goût; mais avant d'être un littérateur, M. Raspail est surtout un savant distingué. Personne n'ignore ses travaux scientifiques, qui ont été une révélation et qui ont fait de M. Raspail un des plus grands chimistes de son époque.

Il y a encore à considérer en lui l'homme politique, je n'en veux dire qu'un mot : c'est que chez lui le patriotisme est au-dessus des passions des partis. Et si M. Raspail s'est occupé beaucoup de politique dans sa vie, ce n'a éte que pour travailler, dans la mesure de ses forces, à l'amélioration de l'espèce humaine et au bonheur public. Sa politique se résume en ces deux mots.

Je ne veux pas vous dire son caractère; mais permettez-moi de déclarer hautement ce qui est à ma connaissance personnelle : c'est que sa bonté, la loyauté, la sûreté de ses relations lui ont fait des amis de tous ceux qui l'ont connu.

M. Raspail n'a jamais fait partie d'aucune coterie, je dirai même d'aucun parti politique; aussi a-t-il été en butte aux attaques de toutes les coteries.

Ses travaux en médecine sont considérables, et ces travaux ont eu pour but non-seulement de guérir les maladies, mais encore de moraliser la classe la plus nombreuse des citoyens, la classe malheureuse.

Me Forest donne lecture d'une page éloquente de M. Raspail sur la tolérance générale et sur l'arbitrage remplaçant la force brutale dans la solution des questions. Cette lecture produit une impression profonde. M. le président demande communication du livre.

Je vous disais, reprend Me Forest, que la politique de M. Raspail pouvait se résumer en un mot : *patriotisme*, car M. Raspail aime avant tout son pays. Vous voyez ici deux de ses fils ; les deux autres sont absents, et vous savez le motif qui retient l'un d'eux loin de son père : il est en ce moment à Sainte-

Pélagie. Ces quatre fils ont fait leur devoir pendant la guerre. Le plus jeune, celui qui est détenu, était à Sedan ; il s'engagea ensuite dans les francs-tireurs Mocquard, et vous connaissez les états de service de ces volontaires. Un de ceux qui l'accompagnent aujourd'hui était chef d'escadron d'artillerie. On a été jusqu'à accuser ces messieurs d'avoir favorisé la Commune. Eh bien, j'ai là un rapport contemporain du 18 mars qui établit que Camille Raspail avait été préposé, par l'état-major général de Paris, à la garde des canons du parc Wagram, et que, lorsque le 103e bataillon de la garde nationale se présenta pour enlever les pièces, Camille Raspail s'y opposa avec la plus grande énergie, en attendant du renfort qu'il réclamait de l'état-major et qui ne vint pas. Avec les faibles forces dont il pouvait disposer, il lutta pendant deux jours et réussit néanmoins à sauver la moitié du parc

Je tenais à vous faire connaître cette conduite, messieurs, parce que, si beaucoup des canons du parc de Wagram ont été enlevés et conduits à Montmartre, c'est parce que Camille Raspail a dû céder à une force plus puissante que celle qu'on avait mise à sa disposition.

L'autre des fils de M. Raspail présent à l'audience

a pris part à la défense, pendant tout le siége, en qualité de capitaine d'une compagnie de marche.

Ai-je besoin, après cela, de vous dire que M. Raspail, lorsqu'il a entendu interpréter et commenter ses éphémérides, comme elles l'ont été devant le jury de la Seine par le procureur de la République, a constamment protesté contre ces interprétations! Est-ce qu'il est possible de lui faire dire quelque chose qu'il n'a pas dit, de lui prêter des intentions qui ne sont pas les siennes? Si ces éphémérides avaient été écrites par tout autre que M. Raspail, il est certain qu'on ne s'en serait pas occupé.

Les éphémérides contenues dans ce petit livre sont au nombre de 920. Devant la Cour d'assises de la Seine, on en a pris un certain nombre; on les a groupées autour de celles qui étaient incriminées et on en a fait une lecture, qu'on a représentée comme donnant l'esprit général du livre, mais qui ne pouvait évidemment en être qu'une représentation tout à fait imparfaite, puisque sur 920 éphémérides, on n'en a ainsi soigneusement trié, pour les mettre habilement en relief, qu'une quarantaine tout au plus; puis de cette lecture on a tiré la conséquence que M. Raspail avait voulu faire appel aux mauvaises passions; qu'il avait eu pour but de déconsidérer l'armée ; que toutes les fois qu'il s'agissait de nos soldats, c'était un blâme au lieu d'un éloge qui tombait de sa plume. Eh bien ! je trouve dans cet almanach 120 éphémérides qui font l'apologie de l'armée française à toutes les époques de notre histoire.

L'honorable défenseur entre ensuite dans la discussion des faits de la cause ; il s'efforce de détruire, à l'aide d'une logique serrée et de nombreuses preuves indiscutables, le sens appliqué par l'accusation aux éphémérides incriminées.

Et maintenant, messieurs, un mot encore ; il est relatif à l'entraînement que peut subir celui qui écrit ou qui parle sur des faits contemporains.

Voici, dans la déposition du maréchal de Mac-Mahon, au sujet de l'insurrection, ce que nous lisons :

« Quelques-uns de ces gens-là se sont battus
« avec une énergie extraordinaire ; il en est qui,
« leur drapeau rouge à la main, se sont fait tuer sur
« leurs barricades. Ils paraissaient croire qu'ils
« défendaient une cause sacrée, l'indépendance
« de Paris.

« Dans leur exaltation, quelques-uns pouvaient « être de bonne foi. »

Eh bien, si M. Raspail, qui est accusé d'avoir fait l'apologie de faits qualifiés crimes par la loi, s'était servi des expressions dont se sert le maréchal de Mac-Mahon quand il représente les fédérés le drapeau rouge à la main, combattant avec courage et énergie; s'il avait dit « qu'ils croyaient défendre une cause sacrée », que dirait-on à M. Raspail? Je suis tenté de dire, moi, que, s'il y a eu une apologie de tous ces faits, ce n'est pas par M. Raspail, mais par des personnes que la justice ne peut pas poursuivre.

Me Forest établit ensuite que les premiers juges n'ont prononcé une condamnation à deux ans de prison que parce qu'ils se sont crus liés par les règles de la récidive, qui édictent une peine de deux à quatre ans de prison pour le délit actuellement visé; ils ont donc appliqué ce qu'ils croyaient être le minimum.

Quant à vous, ajoute-t-il, dégagés de cette question de la récidive, vous ne pouvez être mus par des sentiments autres que ceux qui ont guidé les magistrats de la Cour d'assises de la Seine, après des débats complets et l'assistance du jury; vous appliquerez aussi le minimum, vous souvenant de l'impression ressentie par les hommes de cœur de tous les partis, lorsqu'on apprit qu'une condamnation à deux ans de prison venait d'être prononcée contre un vieillard de quatre-vingt-un ans, contre un savant qui est l'honneur de son pays.

Les journaux anglais, les journaux belges, les journaux américains se sont émus de cette condamnation; tous ont trouvé la peine excessive, extraordinaire; vous pourriez y voir de quelle estime et de quelle considération M. Raspail jouit à l'étranger.

Je ne veux pas aller plus loin; mais, je le répète, messieurs, cette condamnation a eu un écho immense, à ce point que des gens des États-Unis que je ne connais pas, mais qui avaient vu probablement mon nom dans les journaux judiciaires, m'ont adressé, avec prière de la transmettre à M. Raspail, l'expression de leurs regrets de le voir, lui, à son âge, avec ses antécédents, ses idées si humanitaires, et dans la bonne acception du mot, condamné à deux ans de prison.

Avant de terminer, je vous demande la permission de vous lire une lettre que m'adressait ces jours-ci M. Raspail, à moi son avocat et son ami depuis trente ans ; vous verrez quelle a été la pureté de ses intentions, et c'est, messieurs, d'après les intentions que vous devez vous déterminer :

« Mon cher maître,

« Je ne puis toucher au terme de ce procès sans « vous témoigner mes sincères remerciements pour « les peines de corps et d'esprit que vous a infligées « cette inconcevable affaire. Il faut plus que du dé- « vouement pour y suffire : la conviction seule peut « vous y engager.

« En publiant ce modeste petit livre, je pensais « n'avoir fait qu'un livre utile et scientifique ; si je « me suis trompé, c'est bien de la meilleure foi. « Quelque fin qu'ait ce procès, je n'en garderai pas « moins la même conscience, et je n'en serai pas « moins enchanté d'avoir été si hautement défendu « par vous.

« Continuez, je vous en prie, votre tâche dans le « même sens, et vous en aurez toute ma gratitude.

« Dire en tout hardiment la vérité équivaut à la « vraie justice.

« Je vous serre les mains,

« F.-V. Raspail.

« 30 avril 1874. »

Voilà, messieurs, ce que m'a écrit M. Raspail, et, je ne crains pas de le dire, j'ai en effet la conviction qu'il a été de la meilleure foi du monde, et que ce qu'il a fait, il l'a fait pour le bien et dans des vues excellentes. Et j'ajoute devant lui que j'ai une autre conviction, celle que la loyauté et l'honnêteté de son caractère ont fait et feront toujours pour lui des amis dévoués de toutes les personnes qui l'ont connu et le connaîtront.

M. le Président, au prévenu. — Vous avez entendu les éloquentes paroles de votre défenseur. Avez-vous quelque chose à y ajouter?

M. Raspail. — Non, monsieur le président; je n'ai rien à ajouter, si ce n'est que mon défenseur a plaidé avec sa conscience encore plus qu'avec son éloquence.

La Cour se retire dans la salle des délibérations et en ressort au bout d'une heure, rapportant un arrêt qui condamne, pour apologie de faits qualifiés crimes, M. F.-V. Raspail à un an de prison, 1,000 francs d'amende et un mois de contrainte par corps.

Nous n'ajouterons que deux mots à la suite de ces débats, que nous avons voulu donner aussi complets que possible.

La condamnation qui frappe M. Raspail ravive le souvenir du savant Galilée et de l'incomparable artiste Bernard de Palissy, emprisonnés tous les deux, le premier à l'âge de soixante-dix ans, le second à l'âge de quatre-vingt-trois ans.

Existe-t-il d'autres vieillards ayant atteint cette limite extrême de la vie et emprisonnés à propos de leurs opinions politiques ou religieuses?

Paris — Typ de Rouge, Dunon et Fresné, rue du Four St Germ , 43.

EN VENTE AU BUREAU DES PUBLICATIONS

14, RUE DU TEMPLE, A PARIS

PROCÈS DE L'ALMANACH RASPAIL, EN 1874. Compte rendu *in-extenso*, avec un avant-propos et de nombreuses annotations, par XAVIER RASPAIL. Un vol. in-18 jésus de 216 pages — 1 fr 25. — Par la poste . ... 1 fr. 50

PEU DE CHOSE MAIS QUELQUE CHOSE, par F.-V. RASPAIL. Trois brochures in-18 (1873, 1874 et 1875). — Prix de chaque 20 c. — Par la poste. . 25 c.

RELATION DE LA GUERRE EN NORMANDIE (1870 1871), par XAVIER RASPAIL médecin, ex aide-major au 1er *Éclaireurs de la Seine*. Un vol. in 18 jésus. 3 fr.

PORTRAIT DE M. F.-V RASPAIL (1874 — Lithographie grand in-fo). — Prix épreuve sur chine 75 cent, — sur blanc 50 cent. — Pour recevoir franco ce portrait par la poste, ajouter 40 cent à l'un de ces prix.

LA LUNETTE DU DONJON DE VINCENNES *Almanach de l'Ami du Peuple* pour 1849, par F. V RASPAIL, représentant du peuple — Prix... . 75 c.

LA LUNETTE DES DOULLENS, *Almanach de l'Ami du Peuple* pour 1850, par F.-V RASPAIL, représentant du peuple à la Constituante. — Prix 50 c.
Par la poste .. . . 65 c.

PROCÈS ET DÉFENSE DE F.-V. RASPAIL, poursuivi le 19 mai 1846, en exercice illegal de la médecine, sur la dénonciation formelle des sieurs FOUQUIER, médecin du roi, et ORFILA. — Nouv. édit 1865, augmentée de la DÉFENSE EN COUR D'APPEL — Prix . ... 60 c.
Par la poste . . . 75 c.

PROCÈS PERDU, GAGEURE GAGNÉE, OU MON DERNIER PROCÈS EN 1856, par F.-V RASPAIL In-8o — Prix . . . 75 c

NOUVELLE DÉFENSE ET NOUVELLE CONDAMNATION DE F.-V RASPAIL à 15,000 fr de dommages-intérêts, pour avoir demandé, le 8 novembre 1845, et obtenu le 30 décembre 1847, la dissolution de la société par lui formée avec le pharmacien-droguiste du no 14 de la rue des Lombards — Prix 50 c. — Par la poste .... 65 c.

REPLIQUE AU SIEUR LEON DUVAL Paris 1846 In-8o. — 9e édition . 10 c.
Par la poste . . 15 c.

COLLECTION DE L'AMI DU PEUPLE, en 1848, par F.-V. RASPAIL Ce journal, dont le 1er numéro porte la date du 26 février, se publiait le jeudi et le dimanche sur la voie publique, il cessa de paraître à la suite de la journée du 15 mai. — Prix des 21 numéros .... 2 fr.
Par la poste 2 30

N. B. — Les lettres non affranchies sont rigoureusement refusées. — Les envois se font en échange d'un mandat sur la poste ou sur une maison de Paris.

Paris — Typ de Rouge, Dunon et Fresné, rue du Four St G[illegible], 43.

www.ingramcontent.com/pod-product-compliance
Ingram Content Group UK Ltd.
Pitfield, Milton Keynes, MK11 3LW, UK
UKHW020949230726
13923UKWH00007B/215